혼자인 여행은 없다

혼자인 여행은 없다

발행일	2025년 11월 28일
지은이	김영일
펴낸이	손형국
펴낸곳	(주)북랩
출판등록	2004. 12. 1(제2012-000051호)
주소	서울특별시 금천구 가산디지털 1로 168, 우림라이온스밸리 B동 B111호, B113~115호
홈페이지	www.book.co.kr
전화번호	(02)2026-5777 팩스 (02)3159-9637
ISBN	979-11-7224-957-1 03810 (종이책) 979-11-7224-958-8 05810 (전자책)

잘못된 책은 구입한 곳에서 교환해드립니다.
이 책은 저작권법에 따라 보호받는 저작물이므로 무단 전재와 복제를 금합니다.
본 도서는 (주)북랩이 보유한 리코 인쇄 장비 등 자체 생산 인프라를 통해 제작되었습니다.

작가 연락처 문의 ▶ ask.book.co.kr
전용 게시판에 문의를 남기시면 저자에게 직접 전달됩니다.

(주)북랩 성공출판의 파트너
북랩 홈페이지와 SNS에서 다양한 출판 솔루션을 만나 보세요!

홈페이지 book.co.kr   •   블로그 blog.naver.com/essaybook   •   출판문의 text@book.co.kr
카톡채널 북랩

이 책은 경상남도, 경남문화예술진흥원의 문화예술 지원을 보조받아 발간되었습니다.

50대 중년의 삶을 되돌아본 1,200km 동남아 자전거 여행기

혼자인 여행은 없다

김영일 지음

북랩

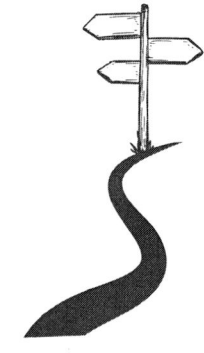

길에서 만난 모든 이들에게

목차

프롤로그　　　9

1부　출발 그리고 베트남

출발을 앞두고	14
출발 하루 전에 만난 돌발 변수	16
솔로 여행이란	19
출발, 그 혼란의 시작	20
깟깟 마을	28
10분 아침 스트레칭	34
판시판 정상에 서다	36
사파를 떠나며	39
자전거를 타지 않는 자전거 여행	41
첫 페달	48
무옹라이의 일상	53
국경 도시, 디엔비엔푸	55
베트남의 온기	59

2부 인생 첫 라오스

자전거와 함께한 인생 첫 라오스	66
보트 여행(무앙쿠아 - 농키아우)	72
라오스에서 한 해를 마무리하며	78
농키아우의 하루	80
그래, 달려 보는 거야!(농키아우 - 하드크하이르)	84
여기는 루앙프라방	91
루앙프라방의 첫 하루 그리고 사람들	97
꽝씨폭포 그리고 야시장 만찬	106
느린 하루	114
이별 그리고 이별 준비	119
컵짜이, 루앙프라방	124

3부 마침내 태국

슬리핑 버스 그리고 태국	130
태국 첫 도시, 치앙콩의 하루	136
길 위의 리듬을 되찾다(치앙콩 - 치앙센)	142
혼자였지만 혼자만은 아니었던 하루(치앙센 - 매찬)	147
산 너머, 메콩의 들판으로(매찬 - 타톤)	155
뜻밖의 선물	162
미련을 넘어 팡으로(타톤 - 팡)	164
여행자의 관점에서 본 술, 담배, 커피 그리고 글쓰기	169
흥미로운 쿠쿠 포레스트 캠프(팡 - 차이프라칸)	172
차이프라칸의 스페셜 킴	178
동행(차이프라칸 - 치앙다오)	181
루앙치앙다오산과 함께한 아침	187
논길 옆 작은 야영장(치앙다오 - 매탱)	189
마침내 치앙마이(매탱 - 치앙마이)	193

4부 치앙마이살이

재정비	202
해자 따라 아침 산책	208
소포로 열쇠 보내기	212
매홍손 루프에 나서는 샌더에게 응원을	214
자전거로 최고 높은 곳에 오른 날	219
치앙마이대학교에서의 하루	224
세 번째 치앙마이대학교 그리고 휴식	229
아침과 함께한 치앙마이 사원, 왓람창과 왓치앙만	233
나그네와의 마지막 라이딩	237
치앙마이에서 맞은 두 번째 여행	240
우리 셋의 첫 치앙마이	243
도이인타논, 태국의 지붕 위에서	247
카페와 캠퍼스 사이에서 보낸 하루	251
치앙마이의 설날	255
아침 산책	259
감성의 시간	261
왓프라탓 도이수텝과 함께한 치앙마이의 야경	263
시장과 사원의 카페 사이에서	267
여행자들의 만찬	271
마지막 아침 조깅	273
떠나기 좋은 날	276

에필로그   280

프롤로그

겨울을 따뜻하게 보낼 곳을 찾던 어느 날, 아내가 무심히 꺼낸 한마디.

"치앙마이 한달살이는 어때?"

"왜 그 생각을 못 했지!"

남들처럼 '치앙마이 한달살이'라는 걸 해 보는 것도 나쁘지 않아 보였다.

그런데 막상 생각해 보니, 뭔가 아쉬웠다.

'한곳에 한 달이나 머물면 지루하지 않을까?'

그때 다시 머릿속에 스친 건, 자전거로 동남아를 달려 보자는 생각이었다.

베트남에서 출발해 라오스를 거쳐 태국 치앙마이까지 자전거를 타고 가며 세상 구경을 하고, 여정의 끝인 치앙마이에서 겨울을 여유롭게 보내는 상상만으로도 행복했다.

자료를 찾다 보니 자전거 마니아들이 참여하는 여행 프로그램도 있었다. 베트남 북부 사파에서 루앙프라방을 지나, 치앙마이로 향하는 경로가 소개되어 있었다.

'그래! 이거다!'

지도 위에 선을 그리고, 필요한 짐을 하나씩 떠올리면서 머릿속에서는 이미 바퀴가 굴러가기 시작했다.

하지만 여행은 언제나 마음먹은 대로 흐르는 법이 없다(그게 여행의 매력이긴 하지만). 뜻하지 않은 변수는 늘 따라붙기 마련이고, 그때마다 나를 움직여 온 건 경험과 끈기였다. 때로는 자전거를 밀고, 때로는 길을 돌아가며.

5년 전 유럽 자전거 여행 때처럼, 많은 난관 속에서도 페달에만 집중한다면 앞으로 나아갈 수 있다는 것을 나는 안다.

여행 가방은 가벼울수록 좋다. 짐이 많아질수록 불안도 함께 실린다. 출발을 한 달쯤 앞두고 짐을 하나씩 챙기기 시작했을 때, 문득 예전 같지 않다는 낯선 느낌을 받게 되었다. 가만히 살펴보니 이젠 가방에 '질병'과 '체력'이라는 짐도 함께 넣어야 한다는 현실이 버티고 있었다.

심방세동.

몇 해 전 건강 검진에서 알게 된 이 심장병을, 나이 들면 누구나 하나쯤 안고 가는 삶의 작은 흉터쯤으로 여겼다. 늘 하던 대로 운동을 했고, 술과 담배도 가까이했다.

그러다 뇌경색이 찾아왔다.

다행히 큰 후유증은 없었지만, 그때부터 '나와는 무관할 거라 믿어왔던 무서운 것들'이 어느 날 갑자기 나를 덮칠 수도 있다는 어두움이 자리를 잡기 시작했다.

그리고 또 하나의 짐, 체력.

더운 여름과 가을을 지나오며 자전거를 거의 타지 못했고, 대체할 훈련도 하지 못했다. 떠날 날이 다가올수록 만만해 보였던 동남아의 산길이 점점 가팔라져 갔다.

길고 외딴 고갯길에서 어둠에 갇힐지도 모른다는 막막한 두려움이 점점 무거워져 갔다.

기대했던 여행의 출발이 점점 눈앞으로 다가올 무렵, 엉덩이를 뒤로 쭉 뺀 채 한걸음 떨어져 망설이고 있는 나 자신을 발견하고는 적잖이 당황했다. 그건 낯선 여정에 대한 두려움이라기보다는, 자신감을 잃어버린 것에 대한 당혹감이었다.

느긋한 겨울을 꿈꾸던 시간은 어느새 온갖 걱정과 불안으로 채워졌다.

지금이라도 멈출까?

지금 나에게 필요한 건 뭐지?

그동안의 경험이 도움이 될까?

어쩌면 지금 필요한 건 노련한 경험이 아니라, 의지할 수 있는 '동행'일지도 모르겠다.

그런데 나는 지금 혼자가 아닌가?

1부

출발 그리고 베트남

출발을 앞두고

　다음 주 월요일, 또 한 번의 자전거 여행을 위해 김해공항에서 베트남 하노이로 출국한다. 이번에는 베트남의 북부 관광도시인 사파(Sapa)에서 출발하여 라오스를 거쳐 태국 치앙마이에 이르는 1,200여km의 구간을 32일간 달릴 예정이다. 하지만 상황이 그렇게 녹록하지 않다. 출발지인 사파에서부터 베트남 북부 산악지대가 떡하니 버티고 있다. 특히 라이쩌우(Lai Chau)에서 신호(Sin Ho)까지 58km 구간의 경우, 내비게이션 앱인 '구루맵스'로 파악한 바로는 획득 고도(자전거 이동 중 모든 오르막 구간에서 상승한 고도의 합계)가 3,000m가 넘는데, 이 정도면 우리나라 최고 수준의 획득 고도를 자랑하는 영남알프스 그란폰도(100km 이상을 달리는 비경쟁 자전거 대회)나 지리산 그란폰도에 버금가는 난이도다. 그런데 그란폰도처럼 맨몸으로 달리는 것이 아니라 20kg을 넘나드는 짐을 실은 채 저런 엄청난 오르막을 무리해서 오를 생각은 없다. 도로 사정을 살펴 가며 상황에 따라 버스 등 대중교통도 이용할 예정이다. 다만, 현지 교통 정보가 부족하여 상황에 따라 즉흥적인 판단이 필요할 듯하다. 그리고 출발지인 사파의 기온이 섭씨 3~15℃ 수준으로 아침과 저녁으로는 꽤 쌀쌀하다고 하니 날씨도 걸림돌이 될 것 같다. 게다가 우리나라도 겨울이다 보니 여행 전에 자전거를 충분히 타 보지 못했다. 실전 연습을 충실히 했던 5년 전 유럽 자전거 여행 때와 비교해 보면 여러모로 준비가 부족하다. 더구나 그때는 길가의 꽃과 풀 향기 맡으며 달렸던 따스한 4월이 아니었던가.

하지만 여행은 늘 그런 것이 아니겠는가. 낯선 곳의 삶에 서서히 적응하다 보면 어쩔 수 없이 겪게 되는 여러 돌발 상황도 빼놓을 수 없는 여행의 일부가 되는 것이다. 지금까지의 여행보다 더 많은 행운이 필요한 시간으로 채워질 것 같은 이번 여행에 긍정의 힘을 불어넣어 본다.
'잘될 거다.'

출발 하루 전에 만난 돌발 변수

출발 하루 전날이다. 자전거를 포장한 후 하룻밤을 보관하기 위해 아내와 야야(딸의 아명)와 함께 김해공항으로 출발했다. 11시 30분경에 국제선 터미널에 도착하여 자전거와 용품 가방을 내리고 아내와 야야는 차를 장기 주차장에 두러 갔다.

국제선 3층, 예전에 'CJ 대한통운 택배'가 있던 자리는 '짐캐리'라는 곳으로 상호가 바뀌어 있었다. 전날 인터넷 검색을 통하여 예전 CJ 대한통운처럼 자전거 분해와 포장 서비스를 함께 제공해 준다는 정보를 확인했다. 그래서 내 차례를 기다리다가 자전거 포장을 요청했지만, 포장용 종이 상자만 판매할 뿐 분해와 포장은 직접 해야 한다고 했다.
'이런!'
인터넷에서 본 안내문에는 '자전거 포장 40,000원'이라는 문구가 분명히 있는데도 실상은 달랐다. 순간 머리가 하얘졌지만, 정신을 가다듬고 예전에 어깨너머로 다른 사람들이 하던 것을 떠올리며 자전거 분해를 시작했다. 짐캐리에서 빌린 육각 렌치로 먼저 핸들 바를 분리했다. 다음에는 페달을 분해할 차례였다. 자전거와 함께 포장하려고 가져간 공구통에서 스패너를 꺼내어 페달의 육각 나사 몸통에 꽂아 돌려야 했는데, 왼쪽과 오른쪽 페달의 분해 방향이 달라 각각 어느 방향으로 돌려야 하는지 알 수가 없었다. 하는 수 없이 양쪽으로 번갈아 가며 돌려 보는 수밖에 없었는데, 자전거가 5년이나 방치되어 있었던 탓에 꿈쩍도 하지 않았다. 주차하고 온 아내와 야야까지도 거들었지만 분해될 기미가 보이질 않았다. 한쪽이라도 빼면 포장하는 데는 문제가 없을 것 같아 여태껏 힘쓰던 왼쪽 페달 대신에 오른쪽 페달을 돌려 보니 다행히 분해되었다. 여기에 힘입어 스패너의 다른 쪽 머리를 손으로 툭툭 치니 왼쪽 페달도 분해되었다. 조립을 위해 페달에다 왼쪽과 오른쪽 표시는 했지만, 조립 방향은 빼먹어서 조립하면서 아무래도 시행착오를 겪어야 할 것 같다. 이렇게 8부 능선을 넘고 마지막으로 안장과 앞바퀴를 분리하자 나머지 몸통이 자전거 종이 상자에 쏙 들어가는 것을 확인할 수 있었다. 왼쪽 페달이 빠지지 않던 그 몇 분간, 속으로는 '이 여행 망한 거 아닌가?' 하는 생각이 스치기도 했다.

다음에는 보강재(뽁뽁이)로 자전거의 주요 부위를 감싸기 시작했는데, 자신이 하는 게 더 낫겠다며 아내가 나섰다. 보강재 포장을 마무리한 후 헬멧 등의 용품을 넣고 무게를 재어 보니 24kg. 애초에 위탁 수화물 중량을 20kg까지만 예약해 둔 터라 내일 추가할 물건들까지 고려하면 턱없이 부족했다. 결국 비엣젯 항공 홈페이지에 접속하여 '대형 30kg' 위탁 수화물 서비스를 62달러에 구입했다. 앞으로는 항공료를 조금 더 부담하더라도 위탁 수화물 서비스가 상대적으로 넉넉한 대형 항공기를 이용하는 것을 고려해 봐야겠다.

자전거 포장을 간편하게 위탁업체에 맡기고는 여행 출발 기분을 내며 점심을 즐기려 했지만, 뜻밖의 자전거 분해와 포장 작업으로 2시간이 훌쩍 지나 버렸다. 혼자였다면 아마 멘붕이었을 테지만 아내와 야야의 도움으로 무사히 마무리할 수 있었다. 나름 야무지게 포장했으니, 부디 손상 없이 하노이까지 잘 도착하길.

늦은 점심은 국제선 3층 식당가에서 했다. 아내는 육개장, 야야는 낙지돌솥밥 그리고 나는 매운 돈가스를 먹었다. 식사 후 편의점에서 집으로 돌아올 때 먹을 과자 2봉지를 사서는 밖에서 장기 주차장행 공항 셔틀을 기다리며 오랜만에 야야와 추억 사진 몇 장을 남겼다. 그리곤 장기 주차장에서 차를 몰고 과자를 맛있게 먹으며 집으로 돌아왔다. 이젠 자전거 포장도 끝냈다. 예정에도 없던 분해, 조립, 포장까지 한바탕 치르고 나니 긴장이 살짝 풀렸다. 드디어 내일 출발이다.

솔로 여행이란

평범했던 무언가를 부러움의 대상으로 바꿔 보는 것.
통로 건너편에 앉아 오징어 다리를 씹으며 농담을 나누는 저들처럼, 친구와 나란히 웃고 싶다.

잘 굴러가는 일조차도 괜스레 걱정으로 부풀려 보는 것.

여행의 끝은 언제나 무사히 집으로 돌아가는 데 있음을 새삼 깨닫게 되는 것.

출발, 그 혼란의 시작

　새벽 3시 반에 일어나서 씻고 출발 준비를 했다. 마지막으로 짐을 다시 확인한 후, 4시 50분에 출발하는 공항 리무진을 타기 위해 창원 시외버스터미널 맞은편에 있는 공항 리무진 정류장으로 아내와 함께 갔다. 추운 날씨에 차 안에서 리무진을 기다리다 제시각에 도착한 리무진을 탔다.
　"잘 다녀올게."

　공항까지는 40분 정도 소요되었는데, 이른 시간인데도 많은 사람으로 붐볐다. 포장한 자전거를 찾으러 가기 전에 기내 수화물 중량을 재어 보니 최대 허용 중량인 7kg를 딱 맞추었다. 어제 직접 포장한 후 자전거를 맡겨 둔 짐캐리에 도착하니 영업 시작 시각인 6시가 되지 않아 문이 닫혀 있었다. 항공권과 숙소 등의 예약 정보를 보면서 시간을 보내다 첫 손님이 되어 자전거 포장 상자에서 옷 꾸러미 등을 추가로 넣은 후에 유리 테이프로 포장을 마무리했다.
　국제선 3층에서 엘리베이터를 이용하여 2층으로는 내려오긴 했지만, 자전거 포장 상자가 너무 커서 청사 내부 이동이 쉽지 않았다. 결국 밖으로 나가, 베트남 항공사인 비엣젯 부스 근처 게이트를 통해 다시 안으로 들어갔다. 자전거 포장 상자의 폭이 공항 청사 출입문의 폭보다 조금 작은 걸 보니 출입문을 설계할 때 승객의 수화물 크기도 고려하는 것 같았다(아니면 그 반대일 수도 있고). 비엣젯 항공 직원의 도움으로 부스 앞쪽에 자전거를 실은 카트를 둔 채 대기열에서 기다리다 내 차례가 되어 체크인을 시작했는데, 자전거 운송 과정에서 다른 수화물에 손상을 입힐 경우 배상을 해야 한다는 서약서까지 작성한 후에야 체크인을 마칠 수 있었다. 자전거 포장 상자의 무게는 다행히 한도 중량보다 1kg 적은 29kg이었다.

출국 수속에 1시간 이상이 소요된다는 안내 방송에 따라 서둘러 가 보니 많은 사람들이 출국 수속을 기다리고 있었다. 별도로 표시된 바이오 등록자 줄이 일반 대기 줄보다 상대적으로 짧아 그쪽으로 옮겨 줄을 섰다. 예전에 바이오 등록을 해 둔 것은 잘한 일이었다. 그런데 순조롭게 진행이 되어 간다 싶은 순간에 전화가 걸려 왔다. 찜찜한 마음으로 받아 보니 아니나 다를까, 위탁 수화물 검사소였는데, 확인할 것이 있으니 와 달라고 했다. 무엇 때문일까 걱정하며 가 보니 비닐 파우치에 보관된 4개 액체류의 용도를 물었다. 샴푸와 크림이라고 하니 바로 통과시켜 주었다. 간 김에 기내 수화물 검사 때 문의하려 했던 펑크 패치용 접착제는 예상한 대로 기내 반입이 되지 않아 폐기해 달라고 부탁했다. 바이

오 등록자 대기열이 더 길어지긴 했지만, 일반 대기열보다는 훨씬 빨리 출국 심사를 받을 수 있었다.

  체크인 때 7시 15분부터 탑승한다고 안내받았는데, 기내 점검 등으로 출발 시각인 8시보다 거의 두 시간이나 늦은 9시 48분에 하노이행 비엣젯 항공기가 김해공항을 이륙했다. 이른 새벽부터 움직였는데도 여행에 대한 긴장 때문인지 잠이 오질 않아 전자책도 읽고, 글로 일상을 정리하며 시간을 보냈다.

  비행기를 탈 때 주변에 갓난아기들이 제법 보이길래 그 애들과 조금 떨어져 앉기를 바랐는데, 자리에 앉고 보니 통로 맞은편에 엄마 무릎에 꼬맹이가 앉아 있었다. 잘 놀다가도 가끔 칭얼대기를 여러 차례, 짐작한 대로 뒤편에서 불만이 터져 나왔고, 결국 아기 아빠와 언성이 오갔다. 다들 설레는 마음으로 나선 여행일 텐데, 지켜보자니 안타까웠다.

  화장실에 한 번 다녀온 것 말고는 꼬박 네 시간 반 동안 자리를 지킨 끝에 현지 시각 12시 20분에 베트남 하노이 노이바이 공항에 착륙했다. 벨트 사인이 꺼지지 않았는데도 승객들이 서둘러 내릴 채비를 하는 바람에 승무원만 제자리에 앉아 있는 진풍경이 벌어지기도 했다. 입국 심사장에는 제법 많은 창구가 있었지만 대기열이 모두 길게 늘어져 있었다. 내가 선 오른쪽 제일 가장자리 대기열은 다른 줄보다 입국 심사 처리 속도가 느려 답답했는데,

담당자가 여직원으로 바뀌고 곧이어 옆 창구에서도 심사 처리를 하는 덕분에 다른 줄보다 빨리 입국 심사를 마칠 수 있었다. 사람 일은 모르는 법, 끝나 봐야 안다.

조금은 걱정스러운 마음으로 자전거를 찾으러 갔는데, 슬픈 예감대로 포장 상자가 반대로 뒤집혀 있었고, 한쪽 면은 크게 손상을 입은 상태였다. 버스로 이동하는 사파까지는 비행기와 마찬가지로 포장 상자로 운반해야 해서 자전거와 용품 상태를 확인할 수 없는 상황이었다. 그저 별일 없기를 바랄 수밖에 없는 노릇이었다.

점심 식사 전에 근처 현금 인출기에서 트래블 월렛 카드(여행용 체크카드)로 현금을 찾으려 하니 비밀번호가 다르다는 메시지가 나왔고, 급기야는 오류 횟수가 초과되어 거래 자체를 할 수 없게 되었다. 분명 다른 카드와 같은 비밀번호를 설정한 것 같은데, 다르다고 하니 난감했다. 하는 수 없이 비상용 카드로 들고 간 토스 카드로 시도해 보니 다행히 현금이 인출되었다. 이런 상황을 가족 단톡에 올렸더니 아내가 네이버 검색을 통하여 트래블 월렛 비밀번호 변경 방법을 알려 주었고, 비밀번호 오류 횟수 초과로 인해 정지된 카드를 다시 활성화하는 글도 참조하여 트래블 월렛 카드를 다시 정상으로 돌려놓을 수 있었다. 공항 안 식당에서 불고기 반미와 콜라로 베트남 첫 점심을 먹으며, 돌발 변수 속에서도 솔로 여행의 첫발을 무사히 내디뎠다는 사실에 감사하기도 했다.

사파행 리무진 출발 시각인 오후 3시 45분까지는 시간이 남아 식당에서 남은 콜라를 홀짝거리며 쉬고 있으니, 리무진 버스회사에서 탑승 위치와 차량 번호 그리고 도착 예정 시간 등을 메일로 보내 왔다. 약속 장소인 공항 건물 16번 기둥 앞에서 기다리다, 도착 시간이 지났는데도 오질 않아 휴대 전화 앱인 '왓츠앱'으로 사무실에 연락해 보니 예정보다 15분가량 지연된다고 했다. 하노이 노이바이 국제공항도 여느 공항 못지않게 차량으로 붐볐기 때문에 혹시라도 리무진을 놓칠 수도 있다는 불안한 마음에 왓츠앱으로 받은 리무진 사진과 대조해 가며 다가오는 버스들을 지켜보았다. 나중에는 손님을 기다리고 있는 근처 택시 기사들에게 리무진 기사의 전화번호를 알려 주며 연락을 부탁했지만, 의사소통이 원활하지 않아 뜻을 이루진 못했다. 그렇게 조급한 마음으로 기다리고 있으니 3시 50분경에 사진과 비슷한 버스가 시야에 들어왔다. 공항 청사 앞에는 두 개의 도로가 나란히 있었는데, 하나는 승용차 전용, 나머지 하나는 버스 전용인 것 같았다. 16번 기둥 앞에 서 있으면 버스 기사가 길을 건너와 승객의 이름을 부른다고 했지만, 급한 마음에 내가 먼저 카트를 밀고 버스에 다가갔다. 기사 아저씨가 내 이름을 확인한 후 둘이서 짐칸에 자전거 포장 상자를 함께 싣고는 많은 차로 붐비는 공항을 빠져나왔다. 공항과 달리 사파로 향하는 도로는 한적했고, 창밖으로는 농촌 풍경이 펼쳐졌다. 여행 첫날의 여러 고비를 무사히 넘겼다는 안도감과 함께 바라본 베트남의 붉은 노을은 낯선 이방인에게도 아주 아름다웠다.

  1시간여를 달리다 휴게소에서 25분 정도를 쉬며 화장실에도 들르고, 쌀국수로 저녁 식사도 했다. 화장실 사용료로 3천 동(150원)을 지불했으며, 쌀국수를 주문하면서 준비해 간 '고수 첨가 금지' 그림을 보여 주기도 했다. 휴게소는 동시에 100여 명은 충분히 쉬고 갈 만큼 꽤 컸고, 식사 외에 다양한 간식거리도 판매하고 있어서 쉬어 가기에는 부족한 점이 없어 보였다. 사파 숙소에 9시 넘어 도착할 예정이라 야식용 빵도 조금 샀다.

  휴게소에서 다시 버스에 오를 때, 창밖은 이미 어둑해져 있었다. 식사로 허기를 달래고 나니 몸이 한결 풀리는 듯했지만, 마음 한편에는 묘한 불안이 스며들었다. 버스가 달릴수록 산등성이가 높아지고, 창문 밖 풍경은 점점 회색빛으로 가라앉았다.

  사파 30km 전방 갈림길에서 좌회전하자마자 시계 모드를 '실외 자전거'로 바꾸었다. 도로의 경사도를 확인하는 순간, 화면에 찍힌 숫자들이 내심의 예감을 증명하듯 날카롭게 솟았다. 구루맵스에서 보았던 그대로였다. 경사도는 자비가 없었고, 오르막은 끝이 없었다.

  사파에 가까워질수록 경사는 더 가팔라졌다. 버스가 기어를 바꿔 가며 천천히 오르는 동안, 차창 너머로 자전거를 탄다면 어떤 일이 벌어질지 상상해 보았다. 숨이 턱에 차고, 핸들을 잡은 팔이 떨릴 것이다.

'이건 아니다.'

무거운 짐을 실은 여행용 자전거로는 덤빌 수 없는 길이었다. 오르막 주행이 약한 내 처지에서는 더했다. 사파의 불빛이 점점 가까워질수록 마음 한구석이 서늘해졌다. 버스 창밖으로 스치는 어둠은 단순한 밤이 아니라, 내 안의 두려움처럼 천천히 번지고 있었다.

9시를 조금 넘긴 시각, 사파 리무진 터미널에 도착했다. 변변한 건물 하나 없이 어둠 속에 주차 공간만 덩그러니 있었다. 리무진 도착에 맞춰 손님을 기다리던 택시 한 대를 잡아 트렁크에 자전거 포장 상자를 실은 뒤, 예약해 둔 숙소로 향했다.

도시의 불빛은 한산했고, 밤공기에는 고산의 냉기가 묻어 있었다. 이국의 공기가 낯설다기보다는 내 마음이 낯설었다.

체크인을 마치고, 기사와 함께 자전거 상자를 옮겨 놓고 방으로 들어왔다. 따뜻한 물로 샤워를 해도 긴장이 풀리지 않았다. 문득, 다가올 여정이 나에게 너무 벅찬 건 아닐까 하는 생각이 스쳤다. 준비도, 마음의 여유도 부족했다는 자책이 서서히 밀려왔다.

'대체 어디까지 버스를 타야 하는 걸까? 도로는 어떤 상태일까?'

생각이 꼬리를 물었다. 그럴수록 가슴이 쿵쾅거렸다. 불규칙한 맥박이 귓속을 때리며 1년 전 갑작스레 찾아왔던 뇌경색의 그날을 떠올리게 했다. 용기를 내어 부정적인 생각들을 정리할 필요가 있었다.

늦은 시간에 할 수 있는 일이라곤 아무것도 없다. 피곤한 상태에서는 오히려 부정적인 생각만 더 들게 마련이다. 일단 잠을 자자. 자고 일어나서 다시 생각해 봐도 늦지 않다. 이제는 위로받기보다는 나 스스로 위로해야 할 나이가 아닌가.

한숨 자고 일어나면 길이 보일 것이다.

깟깟 마을

 어젯밤에 도착했으니, 사파 여행의 첫날인 셈이다. 달력만이 오늘이 크리스마스이브 날이라는 것을 말해 주고 있었고, 심장은 여전히 제 리듬을 찾지 못하고 쿵쾅거리고 있다.

 사파에서부터 베트남 북부 지역을 벗어나기까지는 경사가 심해 자전거를 타지 못하더라도, 기회가 되면 언제라도 탈 수 있게끔 준비해 두자는 결의와 함께 어제의 심란했던 마음을 다잡으며, 자전거 조립을 마쳤다. 스위스 취리히에서 프랑스를 거쳐 스페인 산티아고 순례길까지 2,500km의 대장정을 마친 내 여행용 자전거 '나그네'가 5년 만에 이곳 베트남 사파에서 긴 잠에서 깨어나는 순간이었다.
 영어를 못하는 주인아저씨께서 한 번씩 나그네를 조립하는 광경을 보시며 때론 당연한 듯('그렇지, 그건 그렇게 조립하는 거지', 뭐 이런 식으로), 때론 신기한 듯 쳐다보곤 하셨다.
 7시 30분부터 아침 식사를 할 수 있었다. 메뉴판에서 공기밥이 포함된 그림을 주인아주머니께 보여 드리니 계란프라이와 함께 가져다주셨다. 카톡으로 보낸 사진을 본 아내는 음식이 너무 조촐하다고 했지만, 오히려 나는 간편해서 좋았다.

숙소 딸, 안나에게 사파 여행에 대해 물어보니 제일 먼저 깟깟 마을을 추천했다. 소문대로 사파는 깟깟 마을이 가장 인기 있는 여행지 중 하나임이 확실해 보였다. 숙소를 나서서 구글 지도에서 가리키는 대로 몇백 미터를 걸어가다 보니 유럽식 건물에 스타벅스가 보여 사진을 한 장 찍었는데, 나중에 알고 보니 이 건물이 판시판 케이블카를 타는 썬플라자(Sun Plaza Sapa)였다.

썬플라자를 지나고 얼마 못 가서 밤 가게와 마주쳤다. 어제 사파행 리무진을 타고 오며 시청한 사파 여행 프로그램에서 연예인이 밤을 맛있게 까먹던 장면이 떠올랐다. 1kg에 8만 동(4,000원)이라고 했는데, 양이 많아 반만 샀다. 주인아주머니가 생밤을 전자레인지에 넣고 얼마간 돌린 후 뜨끈한 밤을 나에게 건넸다. 군밤처럼 껍질이 터져 있질 않아 까는 방법을 물어보니 아주머니가 엄지와 집게손가락으로 밤의 끝부분을 누르며 밤을 까는 시범을 보여 주었다. 그대로 따라 해서 밤을 깐 후, 고마움의 표시로 주인아주머니에게 하나 건네고는 다시 길을 나섰다.

구글 지도대로 따라가다 보니 깟깟 마을 어귀가 멀리서부터 보였다. 주변에 호객 행위를 하는 원주민 아주머니들이 많아 마을 입구를 찾아가는 것은 어렵지 않았다. 마을로 다가갈수록 블로그에서 보았던 낯익은 광경들이 눈에 들어오기 시작했다. 날로 유명 관광지로 거듭나는 곳이라 그런지 도로 곳곳에서 공사가 한창이었다. 굴착기 한 대가 가파른 경사면에 자리를 잡고 작업을 하고 있었다. 저길 어떻게 내려갔는지, 또 나중에는 어떻게 올라오려는지. '인간의 능력은 대체 어디까지인가!'라는 탄성이 절로 나오는 장면들을 곳곳에서 목격할 수 있었다.

다른 한편에는 고산 지역의 풍경에 어울리는 카페들이 자리를 잡고 있었다. 사진으로 본 것보다 훨씬 더 운치 있었다. 깟깟 마을로 가는 길은 내리막이라 힘든 줄 모르고 내려갔다(물론 나중에 올라올 때는 상황이 반대로 되겠지만). 길을 계속 가다 앞에 관광객들이 보이지 않아 주변을 살펴보니 입구를 지나쳐 온 것을 알게 되었다. 조금 되돌아간 후 근처에 있는 매표소에서 15만 동(7,500원)을 주고 입장권을 구매한 뒤 깟깟 마을을 둘러보기 시작했다. 따로 1만 동(500원)의 입장료를 지불해야 하는 '하울의 움직이는 성'에서 발 아래에 펼쳐진 경치를 구경하고 기념 촬영도 했다. 마을로 이어지는 골목 양쪽에는 특산품을 파는 가게들이 줄지어 있었다. 대부분 완성품을 파는 것과는 달리, 가죽 제품 가게에서는 지갑 등 여러 소품을 직접 제작하고 있었다. 아저씨에게 호기심 삼아 소와 버팔로 가죽의 차이점을 물어보고는, 부드러운 소가죽으로 만든 작은 지갑을 13만 동(6,500원)에 샀다. 가죽 바느질을 하는 젊은 아주머니의 눈이 너무 피곤해 보여 뭐라도 하나 사 주고 싶다는 마음과 집에서 지갑을 챙겨 오질 않은 현실이 합쳐진 결과였다. 다른 가게에서는 염료 옷감, 말린 고기, 약초 등 다양한 종류의 물건을 팔고 있었다. 깟깟 마을 중심에는 계곡물이 흐르고 있었고, 건기인데도 수량이 풍부하여 폭포가 제 모습을 그대로 보여 주고 있었다. 주변에는 원주민 전통 의상을 입은 젊은이들이 사진작가를 대동해 촬영을 하고 있었다. 어떤 이들은 결혼사진 촬영을 하는 것 같기도 했다. 수확 철이 되면 다랑논은 관광객에게 인기가 많을 것 같았다. 비탈진 곳에 지어진 집이나 건물을 볼 때면 힘들여 가며 애써 저곳에 지어야 했던 이유가 수없이 흘러간 시간 속에 묻혀 있는 것 같았다. 한 시간가량을 둘러보고 반대편 입구 쪽으로 빠져나와 사파 시내로 돌아가기 위해 19세 청년이 운전하는 오토바이를 탔다. 곧장 숙소로 가려던 마음을 바꿔 전망 좋은 카페로 소문난 'Horizon Coffee'에서 따뜻한 레몬 차를 마시며, 남은 밤을 까먹었다. 시간이 흐르자, 우리나라 관광객들이 자리를 채우기 시작했다. 입소문의 힘이기도 한 것 같았지만 내려다보이는 계곡의 경치가 이색적이고 아름다웠다. 카페를 나와 길을 걷다 정오가 다 되어 갈 즈음에 '굿모닝 베트남' 식당에서 해물볶음밥으로 점심식사를 했는데, 구글 평점 4.5에 걸맞게 맛있었다.

사파 다음 여행지인 라이쩌우(Lai Chau)까지 8km 이상의 오르막과 내리막이 이어져 있어 자전거로는 무리라고 판단되어 다른 교통편이 필요했다. 어제저녁 숙소로 나를 데려다준 택시 기사에게 카톡으로 문의하니 100만 동(50,000원)을 달라고 했다. 60km

라는 거리에 비해 너무 비싸다고 생각되었지만, 다른 대안을 아직 마련하지 못했기에 다시 연락을 주기로 했다. 이후에 카톡으로 아내와 이야기하다 사파 버스터미널에 가 보는 게 좋겠다는 의견을 줘서, 시내 구경도 할 겸 2km 정도를 걸어 터미널에 가 보았다. 혹시나 하는 마음에 매표소 여직원에게 문의하니 아침에 출발하는 버스가 있다고 했다. 다른 남자 직원에게 재차 문의한 끝에 자전거도 함께 싣고 갈 수 있다는 것을 확인한 후, 버스비 20만 동(10,000원)과 자전거 운송비 15만 동(7,500원)을 지불하며 버스 예매를 마쳤다. 버스 출발 전에 자기한테 오라는 여직원의 말을 뒤로 한 채 터미널을 나서는 발걸음이 어찌나 가볍던지. 그제야 주변이 밝게 보이기 시작했다. 터미널 앞에 있는 시장 건물에도 호기심이 생겨 가로지르며 구경을 했다. 곶감도 팔고 있어 신기했고, 밤 가격은 더 저렴했다.

여유를 찾게 되자, 왔던 길과는 달리 약간 우회하여 시내의 호숫가도 걸어 보았다. 2023년 10월에 방문했던 달랏(Da Lot)에도 시내에 비슷한 규모의 호수가 있어서인지 사파가 달랏을 닮았다는 느낌도 받았다. 숙소로 돌아가는 길에 발 마사지도 한 시간가량 받았다. 발뿐만 아니라 등과 어깨도 앉은 채로 마사지를 받는 것은 처음이었다. 오전에 깟깟 마을로 가면서 지나쳤던 'BiBi Express' 카페를 다시 지나면서 크루아상과 크림빵을 주문하니, 화로에서 데워 주었다. 참새가 방앗간을 두 번째에는 그냥 지나치지 못했다. 날씨는 계속 흐렸고, 시간이 흐르자 기온이 떨어지기 시작했다. 이런 날씨 속에서는 저녁에 나가도 별 볼 것도 없을 것 같아 빵으로 저녁 식사를 하고 일찍 잠자리에 들었다.

자전거로 못 가면 버스를 타고 가면 된다. 버스 편은 버스 터미널에 가서 알아보면 된다. 이 단순한 진리를 망각한 채 어제저녁부터 끙끙 앓고 있었다니. 베트남도 사파도 내가 사는 창원처럼 똑같이 사람이 사는 곳인데도 낯선 환경 앞에서 나이 탓만 하며 무력해져 버린 어제의 내가 조금 부끄러운 저녁이었다.

10분 아침 스트레칭

여행지에서도 일상의 리듬을 지키는 건 중요하다.
낯선 환경이 주는 긴장과 두려움을 이겨 내는 가장 확실한 방법은 평소의 루틴을 놓지 않는 것이다.
나의 첫 루틴은 '심으뜸의 10분 아침 스트레칭'이다.

침대에 누워 천천히 호흡을 고른다.
두 다리 안기, 한쪽 다리 안기, 무릎 펴기, 발목 돌리기, 이상근과 요방형근, 대퇴직근을 차례로 풀어 간다.
목, 어깨, 팔, 삼두를 따라 근육이 하나씩 깨어난다.
척추를 부드럽게 늘이고 옆구리를 기울인 뒤, 마지막은 '캣앤카우'와 '아기자세'로 마무리한다.

몸이 깨어나면 마음도 함께 일어난다.
불안했던 생각들이 한 호흡씩 멀어지고, 낯선 방의 공기도 점차 익숙해진다.
이렇게 내 일상을 그대로 이어 가면 된다.

여행이란 결국 낯선 땅에서 다시 익숙한 나를 찾아가는 일.
사파의 아침은 그렇게 나를 되찾는 시간으로 변해 갔다.

판시판 정상에 서다

어제까지 흐린 시간을 보내다 밝아오는 여명을 대하니 조금 어색한 기분마저 들었다. 이방인에게 햇볕은 희망, 그 이상이 되기도 한다.

아침 식사를 하며 안나에게 판시판 정상으로 가는 케이블카 예약을 부탁하니 왓츠앱으로 QR코드가 담긴 티켓을 보내 주었다. 정상까지는 세 번의 교통 수단을 이용할 수 있다. 썬플라자에서 상행선 케이블카 승차장까지는 푸니쿨라, 그다음은 케이블카, 마지막은 하행선 케이블카 승차장에서 판시판 정상까지 이동하는 또 다른 푸니쿨라다. 이 중에서 첫 번째 푸니쿨라와 케이블카를 예약했다.

8시 45분부터 운행한다는 말을 듣고는 서둘러 썬플라자에 도착하니, 이미 많은 사람들이 입구 부근을 메우고 있었다. 관광객 외에 학생들도 단체로 온 모양이었다. 예약을 한 덕분에 바로 상행선 케이블카 승차장으로 가는 푸니쿨라 탑승 대기열에 합류할 수 있었다. 푸니쿨라를 기다리면서 13살짜리 학생들과 함께 기념사진을 찍기도 했다. 푸니쿨라는 몇십 명의 인원은 충분히 수용할 수 있을 정도로 컸고, 이를 운영하는 시설이나 시스템도 훌륭했다. 날로 발전하는 베트남의 숨은 저력을 보는 듯했다.

케이블카에 오르니 주변이 한눈에 들어왔는데, 고도가 높아 마치 착륙을 준비하는 비행기 안에서 아래를 내려다보는 기분과 흡사했다. 주변 경치에 한번 놀라고, 3,000m급 고지에 이런 거대한 케이블카를 설치한 인간의 능력에 또 한 번 놀래 가며 구름을 뚫고 인간계에서 천상으로 올라갔다.

케이블카에서 내리자 사방 모든 것이 발아래에 있었다. 동남아시아권에서 판시판산이 제일 높다는 말이 실감 나는 순간이었다. 봉우리 몇 개가 흰 구름 위로 얼굴을 내밀고 있는 천상의 모습이었고, 정상으로 올라가면서 보는 광경은 판시판산의 주변을 압도하고도 남았다. 한편, 계속 이어진 급한 계단은 한 살이라도 젊었을 때 세상 구경에 나서야 한다는 가르침을 전하고 있었다.

정상에서 펄럭이는 베트남 국기, 금성홍기를 올려다보며 오르니 부처님이 앉아서 반기셨다. 이번 여행의 무사 안녕을 기원하며 삼배를 올렸다. 계속 오르니 이번에는 다른 부처님이 서 계셨다. 천상에서 온화한 미소로 세속의 인간들을 내려다보고 계셨다.

가파른 계단을 천천히 쉬어 오른 끝에 3,143m의 판시판산 정상에 올랐다. 오르면서 숨이 찼는데, 혹시 고산증인 줄도 모른다는 생각이 잠시 스치기도 했다. 태극기를 펼친 채로 기념 촬영을 하는 우리나라 관광객의 모습도 볼 수 있었다.

정상에 10시 10분쯤 올랐는데, 국기 게양대 쪽에서 기념 음악이 들려와서 가 보니 추측한 대로 국기 게양식을 거행하고 있었다. 전혀 기대하지 않은 멋진 장면이었다.

정상까지 왔는데 그냥 내려갈 수는 없는 법. 카페 'Cafe du Soleil'에서 핫 코코아를 마시며 여행을 정리하는 여유를 즐겼다. 잠시 아내와 영상 통화를 했는데, 서서히 여행에 적응해 가고 있는 것 같다고 했다.

12시가 넘어서 내려왔는데, 주변의 경치가 마치 깊은 맛을 풍기는 한 폭의 수묵화 같아서 발걸음을 자꾸 멈추게 만들었다.

첫 푸니쿨라 탑승에서부터 다시 썬플라자에 도착할 때까지 4시간 반가량을 판시판산 일대에서 머물렀다. 어제만 하더라도 삼 대로는 부족하고, 칠 대 정도는 덕을 쌓아야 맑은 날의 판시판산을 볼 수 있을 것 같았는데, 오늘 이렇게 장엄하고 수려한 풍경을 마주하니, 이 한 장면만으로도 사파를 찾은 이유가 충분하다는 생각이 들었다.

맑은 날 판시판산에 오르신다면 하루쯤은 천상에 머물다 내려오시길. 세속의 시름은 모두 구름 아래 있으니.

사파를 떠나며

베트남 사파를 떠나는 이른 새벽.
자전거를 밀고 가던 시내 언덕길에
엄마의 장사를 돕기 위해 나온 여린 언니가
동생을 업고 있다.

시작도 다르고 속도도 달라도, 우리가 그랬듯이 이들의 삶도 더 나은 방향으로 흘러가고 있는 것일까?

사파의 잔상이 쉽게 사라지지 않는다. 앞을 바라보아야 하는데, 자꾸 나를 뒤돌아보게 한다.

막내 이모 등에 업혀 곤히 잠들던 내 어린 날.
땀에 젖은 얼굴로 공놀이하던 친구들.
동생 사탕을 빼앗아 먹던 심술궂은 오빠.

시간 속에 흩어져 있던 내가

과거로 굴러가는 바퀴를 밀고 있다.

때론 아리고 시리게, 마치 시간 여행을 온 듯이.

자전거를 타지 않는 자전거 여행

 6시에 일어나서 떠날 준비를 마무리하려 했는데, 아직 시차 적응이 되지 않은 탓인지 4시 반에 잠에서 깨었다. 짐을 모두 정리한 가방을 들어 보니 족히 15kg은 되는 듯했다. 무게가 많이 나가면 자전거 휠에 충격이 가기 쉬워 조심해야 한다.

 이틀 전 깟깟 마을 구경을 갈 때 산 밤은 아무래도 두고 가는 수밖에 없었다. 숙소 일을 하는 15살짜리 미(Mi)가 작은 손으로 들고 가면서 미소 지었으면 좋겠다는 바람으로 침대 머리맡에 팁 10만 동(5,000원)과 함께 두고 1층으로 내려왔다. 묵묵히 숙소 일을 하는 미의 모습이 떠올랐다.

 평소 아침 식사 시간은 7시 반부터인데, 7시에 체크아웃하는 나를 위해 주인아주머니께서 한 시간이나 일찍 아침을 차려 주셨다. 따뜻한 쌀국수는 아침 식사로 충분했다. 번역기를 돌려 잘 지내다 간다는 인사를 드리자, 아주머니께서 물 한 병을 건네주셨다.

 시내에 몇 번 다녀온 기억을 되살려 사파 버스 터미널로 향했다. 이번 여행의 첫 자전거 주행은 끝바였다. 썬플라자 주변을 지나면서 관광안내소를 발견했다. 진작 알았더라면 사파를 조금 더 깊이 이해할 수 있었을 텐데라는 아쉬움이 스쳐 갔다.

7시를 넘어서는 사파의 아침은 다소 조용한 분위기였으며, 몇몇 가게들은 영업 준비를 하고 있었다. 초등학생으로 보이는 학생들이 이른 시간에 등교하고 있었다. 어제저녁에 한 바퀴 둘러봤던 사파 호수를 지나며 카메라에 아침 풍경도 담아 보았다. 호수는 강만큼이나 도시를 빛나게 하는 묘한 매력이 있다.

사파 버스 터미널 앞의 시장은 이른 아침부터 사람들의 목소리로 가득했다. 언제부턴가 우리 주변에서는 보기 어려워진, 그 평범한 활기가 정겹게 다가왔다.

버스표를 예매할 때는 8시에 출발한다고 했는데, 도착해서 다시 확인하니 30분이 늦춰졌다고 했다. 기다리면서 혹시나 하는 마음에 라이쩌우에 도착한 후 곧바로 무옹라이(Muoung Lay)행 버스를 갈아탈 수 있는지 문의하니 가능하다고 했다. 본래 계획은 사파 - 라이쩌우 - 신호 - 무옹라이였는데, 이 경로대로 자전거를 탈 수 없다는 판단하에 사파에서 무옹라이까지 버스로 이동하기로 계획을 변경했다. 라이쩌우에도 숙소를 예약해 두었기에 하룻밤을 묵을 수도 있었지만, 마음 한편에서 하루라도 빨리 자전거를 탈 수 있는 곳으로 이동하고 싶은 조바심이 일어 예약한 숙소비 18,000원과 함께 라이쩌우에서의 하룻밤을 포기해 버렸다. 그래도 버스로 지나가기는 하니 분위기는 느낄 수 있을 것 같기도 했다(터미널 종업원에게 라이쩌우에 대해 물었는데, 별로 아는 바가 없었다).

터미널 청사에는 사파를 소개하는 여러 장의 사진 액자가 걸려 있었는데, 그중에서 다랑논 사진에 눈길이 갔다. 어제 판시판을 다녀온 후 오후에 들러 볼까도 싶었던 곳이었는데, 자전거 앞 브레이크 수리가 예상보다 지체되는 바람에 가질 못했다. 여기는 다음에 가는 걸로, 아니면 다른 곳에서 보는 걸로.

라이쩌우행 버스도 터미널에 정차해 있는 것과 같은 대형 버스인 줄 알았는데, 8시 30분에 도착한 것은 우리나라의 15인승 봉고였다. 뒤 트렁크에 자전거를 그대로 싣고 자전거 가방을 묶는 줄로 고정을 한 후, 차에 올라탔다. 2열부터 5열까지 5명이 이미 타고 있었는데, 2열에 타고 있던 아저씨가 출입문에 가까운 자리를 양보해 주었다.

이게 버스가 맞나 싶었는데, 봉고 안에는 버스 운행에 관련된 안내문이 붙어 있는 것을 보고는 블로그에서 봤던 버스들과 같은 것이라는 것을 알게 되었다. 안내문의 문구를 번역해 보니 요금이 13만 동(6,500원)이었다. 나는 20만 동(10,000원)에다 자전거 운임으로 15만 동(7,500원)을 추가로 지불했는데 말이다.

라이쩌우로 가는 길은 엄청난 오르막으로 시작되었다. 거기에다 가시거리가 채 10m도 되지 않는 짙은 안갯길이었다. 이런 악조건 속에서도 버스와 오토바이들이 태연히 달리는 모습을 보니 신기하기까지 했다. 공사 구간에는 왕복 2차선 중 한 개 차선이 막혀 있어 양방향에서 번갈아 통과하느라 교통이 정체되기도 했다. 15km 정도를 오르자 햇볕이 비치기 시작했다. 하지만 도로는 여전히 젖어 있었고, 오르막 뒤로 이어진 내리막길은 생각보다 훨씬 험했다. 자전거 대신 버스를 선택한 결정이 얼마나 현명했는지를 새삼 느꼈다.

사파를 출발한 지 2시간 만에 라이쩌우의 한 주유소에 도착해서는 곧장 다른 버스로 옮겨탔다. 그 버스는 타고 왔던 봉고보다 큰 25인승 버스였는데, 현지인 사이에 둘러싸인 구석 자리에서 해방된 호사로움을 온전히 누릴 수 있었다.

이대로 무옹라이로 가나 싶었는데, 몇 군데를 들르면서 봉투, 작은 상자를 비롯한 다양한 물건들을 버스에 실었다. 어떤 자루는 너무 무거워 기사 아저씨가 나에게 도움을 요청하기도 했다. 가만히 보니 버스의 역할은 승객의 수송뿐만 아니라 택배도 병행하는 것이었다.

그러다 어느 마을에서는 두 가족이 탔는데, 버스 통로에 스쿠터 한 대도 실었다. 스쿠터를 버스 안에 실으리라고는 전혀 상상도 못 했는데 말이다. 널찍했던 공간은 마침내 짐들과 사람들로 꽉 차 버렸다. 그 와중에 한 아주머니는 앞쪽 창가 자리에서 멀미까지 했다. 예전에 가끔 보던 모습이었는데, 이것도 이제는 낯설게 다가왔다.

라이쩌우에서 버스를 갈아탄 후 2시간여를 달린 끝에 오후 1시

20분경, 무옹라이 정류장에 도착했다. 버스에서 내리니 큰 주차장처럼 보였는데, 정류장 사무실이 옆에 있었다. 다리 건너편에 있는 숙소 위치를 구글에서 확인한 다음 자전거에 짐을 싣고 이동했다.

다리를 건너자마자 우회전해서 조금 가다 보니 숙소의 노란 간판이 보였다. 주인아주머니에게 물어보니 다행히 빈방이 있다고 했다. 무옹라이는 강가에 위치한 마을이다. 강이 한눈에 내려다보이는 숙소가 마음에 들어, 아무 망설임 없이 이곳을 선택했다.

필로티 구조의 건물 2층 뒤편에는 방이 나란히 3개가 있었는데 내가 묵을 방은 가운데 방이었다. 숙박비가 하루에 20만 동(10,000원)이어서 이틀을 사용하려 했는데, 아쉽게도 다음날은 이미 예약된 바람에 바깥쪽 큰 마루 공간에 침구가 가지런히 놓여 있는 곳에서 묵기로 했다. 이곳은 하루에 10만 동(5,000원).

오후 2시가 넘은 시각이라 배가 고팠다. 1층에는 식당도 운영하고 있어 점심을 먹을 수 있냐고 물으니 반찬은 별로 없지만 가능하다고 했다. 식사를 기다리면서 잠시 다(Da)강을 내려다보니 조금 떨어진 보트 위에서 어망을 올리고 있었다. 민물고기를 잡는 모습은 오랜만이었다.

무옹라이에서의 첫 식사는 기대 이상이었다. 시장하기도 했지만, 돼지고기 바비큐 등의 반찬과 밥이 맛있어 정신없이 먹었다. 우리 돈으로 2,500원 그리고 500ml 생수 한 병은 250원이었다.

가성비란 이런 것이라는 것을 보여 주는 것 같았다.

짐 정리를 마친 후 자전거로 동네 마실을 나갔다. 숙소 앞에 놓인 길을 따라 라이쩌우 방향으로 가다가 공터에서 잠시 쉬기도 했다. 그곳에서 친구 사이로 보이는 두 명의 아가씨에게 동영상 촬영을 부탁하기도 했는데, 이런 부탁을 받는 것이 생소한 듯 촬영 내내 웃음이 떠나질 않았다.

숙소로 돌아와 자전거를 주차한 뒤 강가에 내려가 보았다. 정박해 있는 보트를 타고 다강을 달리는 모습을 상상해 보기도 했다(아쉽게도 타 보지 못하고 무옹라이를 떠났다). 강가에서 여학생 셋이 다가왔다. 아까 "헬로!"를 외치던 아이들이었다. 외국인만 보면 반사적으로 인사를 건네는 게 이 동네 학생들의 예절처럼 느껴졌다.

"몇 살이에요?"

"어디서 왔어요?"

쏟아지는 질문 속에 K-POP 이야기가 나왔다. 블랙핑크의 로제와 브루노 마스가 부른 〈아파트(APT)〉를 아냐고 물었더니 셋이 함께 흥얼거리기 시작했다. 아이들의 얼굴엔 오늘 시험을 끝낸 홀가분함도 함께 배어 있었다.

식당 테이블에서 노트북으로 앞으로의 자전거 여행 경로도 살피고, 블로그 포스팅도 하면서 남은 오후 시간을 보냈다. 점심 식사를 2시 이후에 했기 때문에 7시가 넘어서 저녁 식사를 했다. 반찬으로 두부와 만두가 나왔는데 역시 맛있었다. 가격은 점심과 같은 2,500원이었다. 소화도 시킬 겸 강가에 나가 보았다. 건너편 탑과 다리의 조명이 화려하게 물들며, 낮의 수줍던 무옹라이가 전혀 다른 모습으로 다가왔다.

이렇게 또 하루를 채웠다. 자전거를 타지 않는 자전거 여행이 계속되고 있다.

첫 페달

숙소 뒷집의 닭들이 새벽 2시부터 울어 대는 바람에 자다 깨기를 반복했지만 나름 잘 잔 것 같다. 다강을 내려다보며 한 달 살기 해도 좋을 곳이라는 생각이 들었다. 베트남어로 강을 송이라 하는가 보다. 어제 숙소 아저씨는 '송다'라고 했다.

내일 무옹라이에서 50km 정도 떨어진 무옹차(Muong Cha)까지의 자전거 이동에 앞서 오늘은 시험 라이딩을 해 보기로 했다. 겨울로 접어든 후 자전거를 타 보질 못하여 몸이 어느 정도 받쳐 줄지 궁금했고, 도로 상태와 더불어 구루맵스로 파악한 경사가 실제로 어느 정도 차이가 있는지 확인해 볼 필요가 있었다. 핸들 바에는 휴대폰과 액션캠 거치대를 설치하고 펌프 등 라이딩 용품은 배낭에 넣어 리어랙(뒷바퀴 위의 짐받이) 위에 묶었다.

숙소에서는 아침 식사를 제공하지 않아 다른 식당에서 해결하려고 했는데, 때마침 발견한 편의점에서 우리나라 카스타드와 콜라를 사 먹었다. 라이딩 중에 배가 고프면 따로 챙겨 가는 에너지 바를 먹기로 했다.

어제 동네에서 잠시 자전거를 타 보기는 했지만, 도로 주행은 처음이기 때문에 살짝 긴장도 되었다. 다리를 건너 우회전하여 무옹차 방향으로 향했다. 구루맵스에서 파악한 바로는 무옹차까지 두 개의 큰 고개가 있으며, 18km 부근에 있는 첫 고개를 넘기 위해서는 10km 지점부터 약 800m의 획득 고도를 올라가야 했다. 두 번째 고개는 4~5km 이후에 있었는데, 경사가 앞의 고개보다 더 가팔랐다. 오늘 연습 주행에 이어 내일 짐을 싣고 실전 주행을 할 계획이기 때문에 무리하지 않고 첫 고개에서 돌아오기로 했다.

오늘 기온은 15~26℃로 예상되었고, 8시 무렵의 선선한 공기는 출발하기에 더할 나위 없이 좋았다. 상의로 긴 저지에 야광 조끼를 입었는데, 아침 라이딩에는 안성맞춤이었다. 도로에는 차량도 별로 없고 노면도 괜찮아 첫 라이딩의 부담감은 느낄 수 없었으며, 자전거 여행을 나서길 잘했다는 생각이 처음으로 들었다. 도로 오른편으로는 집들이 한동안 이어졌고, 다강은 유유히 흐르고 있었다.

아직 장거리 라이딩을 하기에는 부족한 다리 근력이 오르막에서 어떤 반응을 보일지 예의 주시 하며 초반 오르막 구간을 올랐다. 핸들 바에 장착한 가민 피닉스 3 시계에서 경사도를 확인하니 6% 수준이었는데, 다행히 크게 부담스럽지는 않았다.

10km 지점까지는 아주 순조로웠으며, 고도를 계속 높여 가니 반대편 마을도 한눈에 들어오기 시작했다. 오르막과 내리막이 반복되다 11km 지점을 통과하면서부터는 계속해서 오르막이 이어

졌다. 15kg에 육박하는 짐을 싣고 오르는 실전 라이딩에서는 어떨지 모르겠지만, 구례 천은사에서 성삼재까지 8km 구간의 경사도보다는 덜한 것으로 파악되어 조금은 안심이 되었다.

13km 지점에서 가족에게 보낼 동영상을 촬영하며 두 번째 휴식을 가졌다. 더 지치기 전에 서둘러 정상에 올라가고 싶기도 했지만, 그늘에서 동영상을 찍으며 쉬는 것도 나쁘지 않았다. 때마침 오토바이 두 대가 지나가서 서로 비교되는 상황이 연출되었다. 오르막을 오를 때는 오토바이가 부러울 때가 많다.

올라갈수록 산비탈은 아찔할 정도였다. 도로를 건설하면서 분명 많은 난관이 있었을 것이다. 왼쪽으로는 낙석 주의 경고판이 자주 보였다.

디엔비엔(Dien Bien)까지의 남은 거리 표지석이 1km마다 놓여 있었다. 17km 지점 부근을 통과하면서 11% 경사 표지판이 서 있었는데, 최대 경사는 13% 수준이었다. 중간에 쉬면서 모자를 배낭에 넣어 둔 탓에 중천에 자리 잡은 해를 마주 보며 올라야 했다. 이마의 땀이 눈으로 들어가는 바람에 따가워서 장갑으로 연신 땀을 닦았다. 다리 근력은 한계에 다다른 듯했고, 속도는 걷는 것과 다를 바 없는 시속 4~5km에 불과했다.

'내일 짐을 싣고 저 오르막을 다시 오를 수 있을까?'

몸은 땀에 절었고, 마음은 아직 판단을 망설이고 있었다. 그렇게 8부 능선을 따라 가파르게 이어진 도로를 오르고 있는데, 하늘과 맞닿은 곳에서는 굴착기가 작업을 하고 있어 이게 무슨 조화인가 싶었다.

숨 가쁘게 동네에 올라서니 눈앞에 내리막길이 펼쳐졌다.

'아! 여기가 첫 고개 정상이구나.'

여태껏 맞이했던 고개 정상은 이정표만 덩그러니 반겨 주는 곳이 대부분이어서 정상에 마을이 있으리라고는 상상하지 못했다. 땀을 닦으며 근처의 아저씨에게 동네 이름을 물어보자 웃으며 손으로 가리킨 마을 간판에는 '반트룽딘(Ban Trung Dinh)'이라고 적혀 있었다. 확인 삼아 내리막길을 잠시 내려갔다가 핸들을 꺾어 무옹라이 방향으로 되돌아왔다.

돌아갈 때는 8km 구간의 내리막길을 쏜살같이 내려갈 것으로 예상했으나, 커브가 잦은 내리막길이라 속도를 낼 수 없었다. 더구나 브레이크 상태가 썩 좋지 않은 내 자전거로는 핸들링이 더 어려워 속도를 낼 수 없었다. 브레이크를 계속 잡고 내려갔더니 손아귀가 뻐근했다. 짐을 실은 상태로는 더 위험할 것 같았다.

무옹라이까지 약 10km를 남긴 갈림길에서 되돌아올 때는 마을을 지나는 길을 택했다. 집과 논을 더 가까이에서 볼 수 있어 한결 좋았다. 다른 도로보다는 거리가 먼 게 흠이었지만, 대부분 시야가 확보된 내리막길이어서 속도를 더 낼 수 있었다.

정오를 조금 넘겨 숙소에 도착한 후 맛있는 점심 식사로 허기를 충분히 채웠다. 돼지고기 바비큐도 맛있었고, 베트남식 소시지도 내 입맛에 딱 맞았다. 이름 모를 채소국에서도 이국적인 맛을 전혀 느낄 수 없었다. 이런 음식값이 우리 돈으로 2,500원이라니, 정말 착한 가격이었다.

오늘 라이딩으로 소기의 목적을 달성하였다. 오르막길에 반응하는 몸 상태까지 확인할 수 있었고, 무거운 가방을 싣고 내려가기에는 부담스러운 내리막길이 너무 길다는 것도 알게 되었다. 내일 자전거를 타고 무웅차로 가는 것은 다시 생각해 봐야겠다. 고생을 동반한 모험보다 중요한 건, 무사히 그리고 행복하게 이 여행을 이어 가는 일이다.

무옹라이의 일상

점심 식사를 마치고 짐을 필로티 2층 앞쪽의 마루 공간에 펼쳤다. 마루 안쪽에는 나란히 4개의 침구가 놓여 있는데, 아직 다른 손님이 없어 넓은 마루에 혼자 밤을 보내야 할 처지였다.

오후에 접어들자 기온이 높아져 반소매 면티만 입고 자리에 누워서 쉬었다. 그리곤 건전지를 사러 가게에 잠시 들렀다가 주인집 딸 밍구에게 주려고 과자도 사 왔다. 돌아오는 길에 보니 장작용 나무를 실은 보트가 선착장으로 들어오고 있었다.

저녁 식사 무렵에 여행 가이드 손(Son)이 어제 내가 묵었던 방을 예약한 가족과 함께 숙소에 도착했다. 넓은 마루에서 혼자 덩그러니 자면 무서울 것 같았는데 다행이었다. 그뿐만 아니라 다음 행선지인 디엔비엔푸의 관광지 정보도 얻을 수 있었다.

첫날 점심을 먹어 보니 맛있어서 다른 식당은 알아보지 않고 계속해서 숙소 식당에서만 식사했는데, 저녁 식사에는 다른 때보다 반찬 수가 더 많았다. 후식으로 먹은 열대 과일 '밑(mit)'도 맛있었다. 그런데 사과는 퍼석거려 식감이 별로였다.

식사를 마치고 밍구와 함께 놀았다. 일곱 살인 밍구는 초등학교 2학년인데, 엄청 말괄량이다. 나를 처음 볼 때부터 서슴없이 대했다. 나이도 물어보고 결혼을 했는지, 자녀가 몇인지도 물어봤다. 그러면서 내가 묻는 질문에는 엉뚱한 답만 했다. 하는 짓이 밉지 않았고, 숙소 식구들도 나에게 잘 대해 준 것에 대한 고마움으로 점심때 밍구에게 과자를 선물했던 것이었다.

자리에 눕기 전까지 몰랐는데, 모기가 있었다. 별 방도가 없어 몇 군데 물렸다. 모기 상처가 무옹라이의 추억만큼이나 오래갈 것 같았다.

국경 도시, 디엔비엔푸

여행을 시작한 후 맞는 첫 주말이지만, 별다른 감흥은 없었다. 더욱이 연말은 늘 춥다는 오래된 고정관념 탓에, 올 한 해가 며칠 남지 않았다는 것을 따뜻한 이곳에서 알아차릴 수도 없었다.

어제 시험 라이딩 후, 고민 끝에 무옹차까지 자전거를 타고 가는 대신에 국경도시인 디엔비엔푸(Dien Bien Phu)까지 버스로 이동하기로 했다. 오르막도 문제였지만, 10여km 이상 계속되는 내리막도 부담스러웠다. 이로써 어제의 라이딩이 베트남에서의 유일한 라이딩이 되어 버렸다.

출발 전 여행 가이드인 손이 손님과 함께 식사했던 식당을 소개해 줬다. 여행 중 처음으로 식당에서 쌀국수로 아침을 먹었다. 밍구 엄마가 오토바이로 버스 정류장까지 안내해 줬다. 차량 뒤 짐칸과 통로에 이어 이번에는 자전거를 버스 지붕 위에 싣는 모습을 보며 이번 여행에서는 자전거가 호사를 톡톡히 누리고 있다는 생각이 들기도 했다.

어제 자전거를 탔던 도로를 다시 버스를 타고 지나니 기분이 묘했다. 첫 고개 정상 부근에 대한 기억이 선명하게 남아 있었다. 이후 내리막길이 끝나고 오르막이 4km가량 이어졌는데, 11%의 경사를 알리는 표지만이 서 있었다. 이후 10여 km는 구루맵스에서 파악한 대로 계속 내리막이었다.

무옹차에 도착해서 잠시 정차할 때는 혹하는 마음에 지붕에 있는 자전거를 내려 디엔비엔푸까지 가 볼까도 했지만 이내 마음을 접었다. 흐렸던 날씨가 햇볕이 나고 더워졌기 때문에 입고 있는 옷차림으로 자전거를 타기에는 적합하지 않았다. 그런데 몇몇 구간에서 가파른 경사가 있기는 했지만 무옹라이에서 무옹차까지 봐왔던 것보다는 덜했기 때문에, 무옹차에서 디엔비엔푸까지 오는 내내 자전거를 탔으면 어땠겠냐는 미련이 계속 맴돌았다. 하지만 안전한 자전거 여행을 위한 체력과 자전거 정비를 위한 시간이 더 필요하고 그 이후에도 남은 시간은 충분하기에 조바심 내며 서두를 필요는 없다는 생각으로 남은 미련을 정리했다.

디엔비엔푸 버스터미널에 도착한 후 라이딩 준비를 했다. 숙소까지는 7km가 조금 넘었고, 왕복 6차선 도로를 따라 달렸다. 숙소는 널찍했고, 분위기도 좋아 보였다. 점심은 주인인 타이(Tai)에게 부탁해 배달 음식으로 해결한 뒤, 전날 숙소에 도착한 벨기에 출신 샌더(Sander)와 함께 시내 구경에 나섰다. 시내 외곽에 있는 숙소 주변에는 논이 펼쳐져 있었다. 어떤 논에서는 기계로 논을 갈고 있었다. 시내는 대체로 잘 정돈되어 있었으며 크게 붐비지 않았다. 샌더와 함께 음료수를 마시며 걷다 전쟁기념관 광장 노천 카페에서 커피와 차 한잔으로 지친 발걸음을 잠시 쉬었다. 샌더가 라오스 낍(LAK)을 환전하기 위해 동(VND)을 AGRIBANK ATM에서 인출한 뒤에 숙소로 향했는데, 공사를 하는 곳이 많아서인지 구글 지도와 실제 길이 다른 곳이 몇 군데 있어 잠시 헤매기도 했다. 지도가 골목길을 안내한 덕분에 가까이에서 베트남 현지인의 집들을 구경할 수 있었다. 풀을 뜯는 소와 고요히 물이 고인 논, 소가 끄는 쟁기가 어우러진 들판 풍경 속에서 돌아오는 길의 정취가 한층 더 짙어졌다.

저녁 식사는 프랑스 출신 램(Lam)도 합세하여 숙소에서 조금 떨어진 식당에서 했다. 시내 구경을 함께 한 샌더는 자전거 여행 2년 차며, 우리나라도 다녀갔다고 했고, 램은 도보 여행 2년 차였다. 여행 동기로부터 시작된 대화의 주제는 선생님에 대한 존경이 사라지고 있는 현상, 학생들의 태도 변화, 교사의 정체성 위기까지 깊어졌다. 샌더는 벨기에에서도 교사라는 직업의 위상이 무너지고 있다고 했고, 램은 프랑스도 마찬가지라고 말했다. "한국은 어떤가요?"라는 램의 질문에 나도 동감을 표했다. 원어민 수준의 대화를 완벽하게 알아들을 수 없어 아쉬웠지만, 함께 나눈 그 시간은 오래도록 기억에 남을 것 같았다.

저녁에 떠나는 램의 버스 시간에 맞춰 밖으로 나오니, 가로등 불빛 아래 조용한 시골의 밤이 펼쳐지고 있었다. 숙소에 도착해서 나도 라오스 낍을 조금 환전했고, 오후에 맡긴 세탁물도 건조된 채로 받았는데, 여태껏 여행 중 세탁 서비스는 처음이었다. 세탁물에서 보송한 냄새가 났다. 그렇게 또 하루가, 이국의 시간 속으로 스며들었다.

베트남의 온기

아침은 본의 아니게 피부 트러블용 겔을 바르는 것으로 시작했다. 무옹라이 둘째 날 바깥 마루에 자면서 모기에 물렸는데, 이불 바깥으로 노출된 양팔에 집중적으로 물린 곳의 부기가 빠지지 않고 가렵기도 해서 여주인인 히엔(Hien)에게 약을 부탁했더니 임시로 먼저 겔을 바른 후 나중에 약국에서 연고를 사다 주겠다고 했다.

몽족 마을 투어 출발 시간인 7시 30분까지는 시간이 조금 남아 마당을 어슬렁거리다 샌더의 자전거를 살펴보았다. 휠이 29인치라 자전거가 컸고, 핸들 밑에는 침낭을 달고 있었다. 앞쪽 포크 양쪽과 프레임에는 가방이 부착되어 있었다. 뒤쪽에는 리어랙 가방을 부착한 채로 다니기 때문에 자전거 전체 무게가 40kg은 될 것 같았다. 전체적으로 장거리 여행자의 포스가 물씬 풍겼다.

몽족 마을 투어 프로그램이 따로 있는 줄 알았는데 히엔이 숙소 손님들을 위해 주선한 것이었다. 그래서 이동도 우리가 개별적으로 해야 했다. 히엔이 운전하는 오토바이 뒤에는 캄보디아에서 프랑스어를 가르치는 프랑스 출신 엘레나(Elena)가 앉고, 나는 혼자 전기 스쿠터를 몰고 가기로 했다. 스쿠터는 오랜만이라 마당에서 잠시 시험 주행을 해 보았다. 타려고 가져간 자전거는 안 타고 대신에 버스를 타고 이동하다가 이제는 스쿠터까지. 안전을 이유로 될 수 있으면 스쿠터나 오토바이는 안 타려고 했으나, 이왕 타게 되었으니 조심히 움직이는 수밖에 없는 노릇이었다.

몽족 마을로 가기 위해서는 국경 지역인 타이창(Taichang)으로 향하는 AH13 도로를 타야 했다. 덕분에 베트남 국경 지역의 도로 사정을 확인할 수 있었다. 디엔비엔푸를 벗어난 초반 구간은 괜찮았지만, 오르막이 시작되면서부터 사정이 달라졌다. 노면은 정비한 지 오래되어 아스팔트의 기능을 거의 상실했고, 양쪽 갓길은 흙길이라 대형 트럭들이 지날 때마다 먼지가 자욱했다. 일부 구간은 아예 비포장이었다.

운전 실력 차이로 히엔의 오토바이를 따라가기가 점점 어려워졌다. 도로 상태가 나빠질수록 간격은 더 벌어졌고, 히엔은 가끔 멈춰 서서 나를 기다려 주었다. 가장 높은 고개 근처에서 또다시 히엔의 오토바이가 멈춰 서 있었다.

가까이 다가가 보니 예상치 못한 일이 벌어졌던 모양이었다. 히엔과 엘레나, 두 사람 모두 옷에 흙이 묻어 있었고, 엘레나는 울고 있었다. 아마도 내려가다 미끄러진 듯했는데 확인해 보니 엘레나의 왼쪽 무릎이 까져 있었다. 히엔도 분명 아팠을 텐데 내색 한마디 없이 엘레나를 진정시키고 있었다.

잠시 시간을 보내던 중, 히엔이 몽족 마을로 향하는 SUV 차량을 세워 엘레나를 태웠다. 나는 다시 스쿠터를 타고 따라갔다. 하지만 생각보다 이동 거리가 멀었고, 도로 상태는 더욱 거칠어졌다.

그리고 마을로 내려가는 길목에서 또 하나의 고비가 찾아왔다. 내 스쿠터 배터리가 간당간당하더니 오르막에서는 더는 힘을 쓰지 못했다. 하는 수 없이 가장 먼저 보이는 민가에 들어가 스쿠터 충전을 부탁하고는, 히엔의 오토바이 뒤에 올랐다. 오토바이나 스쿠터는 넘어질 경우 뒷사람이 더 크게 다칠 수 있어 끝까지 긴장을 늦출 수 없었다. 그렇게 달려 행사장에 도착해 거리를 확인해 보니, 숙소에서 무려 35km나 떨어져 있었다.

몽족 마을 투어에 나선 것은 어제와 오늘 양일간 열리는 신년 맞이 마을 축제를 구경하기 위해서였다. 행사장에 도착하여 잠시 주변을 둘러보는 사이에 엘레나를 찾으러 간 히엔을 놓쳐 버렸다. 입구 부근에서 기다리며 줄다리기 시합을 바라보았다. 우리와 다를 바 없는 구령과 열기 속에서, 낯섦보단 친숙함이 느껴졌다. 그런데 곧 히엔과 엘레나가 경찰과 함께 있는 모습이 눈에 들어왔다. 자초지종을 들어 보니 몽족 마을은 외국인의 출입이 제한된 곳인데, 외모가 확연히 다른 엘레나가 이곳에 있다 보니 문제가

된 것이었다. 애써 먼 길을 왔지만 달리 방법이 없었다. 나중에 무옹라이에서 만났던 가이드 손에게 물어보니 몽족은 외부에 개방이 안 되는 것 같다며 미안해했다. 그래도 히엔의 주선으로 마을 청년들과 기념사진은 남길 수 있었다.

사고의 여파가 가시지 않은 엘레나를 위해 택시를 불렀다. 나 역시 스쿠터를 타고 돌아가기엔 몸도 마음도 지쳐 있었다. 그래서 몽족 마을 투어를 마치고 돌아올 때는 나도 스쿠터가 아닌 택시를 택했다. 그리고 그 선택은 오늘 하루 중 가장 현명한 판단이었다. 차비도 반씩 부담하면 되고, 여유 있게 창밖 풍경도 볼 수 있었다. 택시를 기다리며 우리는 이런저런 이야기를 나눴지만, 대부분 단편적이어서 오래 기억에 남는 내용은 없었다. 몽족은 네 계통으로 나뉜다는 것, 벼농사를 베트남 남부는 3모작을 하는데 북부는 2모작을 한다는 것, 우리나라는 1모작만 가능하다는 것, 우리나라도 산이 많다는 것, 등산 시스템이 잘 되어 있다는 것, 그리고 우리나라 방송을 많이 본다는 히엔은 가 본 적이 없는 부산을 엘레나에게 추천하기도 했다. 그리고 히엔이 내가 자기 집에 머문 첫 번째 한국인이라고 했다. 낯선 나라에서 누군가의 '처음'이 된다는 것이 묘하게 뿌듯하기도 했다.

택시를 타고 돌아가기를 잘했다. 처음에는 뭣도 모르고 나선 길이었으나, 스쿠터로 왕복하기에는 너무 부담스러운 길이었다. 매일 다니는 사람들은 어떻게 다니는지 신기했다. 디엔비엔푸 근처에서 일렬로 이동하는 MTB 그룹을 지나갔다. 아마도 우리가 지나온 길을 넘어온 듯했다.

　숙소에 돌아와서 씻고 자전거를 몰고 어제저녁 식사를 한 식당에 점심을 먹으러 가니 남녀 6명이 맥주를 마시고 있었다. 내가 한국인이란 것을 알고는 엄청나게 반겨 주었다. 맥주도 권했고, 안주도 건넸다. 박항서 감독의 덕도 많이 봤다. 자전거를 수리해야 한다고 하니 린(Lin)이 자기가 잘 아는 가게가 있다면서 식사 후에 나를 시내 중심지까지 오토바이로 안내해 주겠다고 했다. 볶음국수로 식사를 한 후, 린을 따라 자전거 수리점으로 갔다.
　린이 소개해 준 수리점에서 브레이크 패드를 교체하고, 공기압도 점검했다. 총비용은 2,500원. 헤어질 때 린은 나를 '삼촌'이라 부르며, 내 여행에 행운이 늘 함께하길 기원한다고 했다. 베트남은 유쾌하고 정이 많은 사람의 나라로 기억될 것 같다.

　숙소에 도착하니 샌더가 떠날 채비를 하고 있었는데, 표정이 밝지 않았다. 이유를 물어보니 어제저녁 식사 후부터 속이 좋지 않아 오늘 출발을 못 했는데, 이곳에는 오늘 빈방이 없어 다른 숙소로 옮겨야 한다고 했다. 왓츠앱으로 서로 연락하기로 하고 샌더를 배웅했다.
　숙소 거실에서 일상을 정리하고 있으니 볼일을 끝낸 히엔이 돌아오며 나에게 연고를 건넸다. 히엔은 오토바이로 돌아온 후 남편과 몽족 마을로 다시 가서 내가 타고 갔던 스쿠터를 가지고 왔다고 했다. 배터리 잔량이 20%일 때 충전을 했는데, 충전을 부탁한 집에서 터무니없게도 10만 동(5,000원)을 요구했다고 했다. 오늘 여러모로 고생을 많이 한 히엔을 생각해서 충전 비용은 내가 지불했다.

 이렇게 베트남 여행의 마지막 밤을 맞이했다. 오늘 하루의 풍경과 사람들 그리고 다정한 환대. 낯설었지만 모두 따뜻했다. 이렇게 또 하루가 여행의 한 장면으로 또렷하게 새겨진다.

2부

인생 첫 라오스

자전거와 함께한 인생 첫 라오스

여행이 2주째로 접어들었다. 오늘은 베트남을 떠나 라오스로 들어간다. 인생 첫 라오스다. 예약한 버스를 타기 위해 6시 15분에 타이의 안내로 일본인 나카니시와 현지인 여성 한 명과 함께 큰 길가에 도착했다. 6시 30분에 도착하기로 한 버스는 7시를 조금 넘겨 도착했다. 그 시간에 애들은 등교하고 있었고, 건너편 가게에는 우리나라 오리온 제품 홍보 현수막이 걸려 있었다. 낯선 땅에서 한국의 흔적을 마주칠 때마다 묘한 감정이 인다.

자전거가 15인승 밴의 뒤 트렁크에 들어가지 않아, 결국 지붕 위로 올려야 했다. 밴은 베트남에서 탄 차 중에서 제일 깨끗했다. 이대로 국경을 넘길 바랐는데, 디엔비엔푸 외곽에 25인승 버스가 기다리고 있었다. 자전거는 다시 지붕 위로, 마치 화물처럼 오르고 또 올랐다.

버스가 출발 준비를 마칠 때까지 타이가 건네준 음식으로 간단히 끼니를 때웠다. 생김새는 우리나라의 연잎밥과 비슷했는데 말랑했고, 안에는 만두 속과 같은 것이 들어 있었다. 생긴 것은 익숙하면서도 처음 맛보는 풍미였다.

　버스 안엔 외국인 여학생들이 떠들썩하게 수다를 떨고 있었다. 말을 들어 보니 영어가 아니었고, 무슨 언어인지 몰라 앱 번역기에 들려줬더니 네덜란드어였다. 나중에 한 학생에게 물어보니 정답이었다.

　국경으로 향하는 길은 어제 몽족 마을로 가며 이미 한 번 달렸던 도로였다. 낯선 길도 두 번쯤 지나면 조금은 익숙해진다.

　'어쩌면 내가 이곳 몽족 마을을 찾은 첫 한국인이 아닐까.'

　베트남 국경 검문소 앞에서 기념 촬영을 하고, 출국 수속을 밟았다. 건물에 들어가서 먼저 짐 검사를 하고 다른 부스에서 여권을 보여 주며 나카니시가 나에게 준 2만 동(1,000원)도 건넸다. 수속비인지, 통행료인지, 뇌물인지 모를 돈이었다. 이곳에선 그런 경계도 흐릿했다. 나카니시는 베트남에서 2년간 일한 덕분인지, 국경 통과에도 익숙했다. 그를 따라 하니 출국 심사가 순조롭게 마무리되었다. 정리하자면, 탑승객들은 각자 짐을 들고 내린다. 짐 검사와 출국 심사를 마친 뒤 라오스 쪽 출입국장으로 이동하고, 이후 국경 검문소를 통과한 버스에 다시 탑승한다. 지붕에 실린 자전거는 따로 검사하지 않는다고 하여 그대로 두었다.

　출국 후, 다시 버스에 탑승해 라오스 국경 사무소가 있는 타이창(Taichang)으로 이동했다. 입국 심사대 앞엔 긴 줄이 늘어서 있었다. 새치기를 반복하는 현지인들 사이에서, 네덜란드 여학생 한 명이 몸으로 그 줄을 막아섰다. 그 용기에 나도 득을 봤다. 라오스 입국 때도 정체 모를 2만 동(1,000원)을 건넸다.

    버스 안에서는 그저 풍경만 지나치게 될 것 같아, 고민 끝에 라오스 입국 수속을 마친 후 자전거로 이동하기로 결정했다. 베트남 쪽 길보다는 좋고 내리막이라고 해서 시끄럽고 좁은 버스보다는 나을 것 같았다. 국경에서부터 자전거를 타고 간다고 하니 나카니시가 마지막으로 기념 촬영을 하자고 했다. 베트남 출국과 라오스 입국 수속 때 나카니시의 도움이 컸다. 실없이 자주 웃는 그의 모습이 한 번씩 생각날 것 같았다.
    함께 타고 온 버스 승객들의 응원을 받으며 10시 20분경에 출발했는데, 앞브레이크가 잡히지 않아 내려서 확인하니 조임쇠가 풀려 있었다. 지붕을 옮겨 다니면서 그렇게 된 것 같았다. 비포장길을 통과한 탓에 손잡이 등에는 먼지가 많이 묻어 있었다.

    시원한 바람과 함께 내리막을 신나게 내려가고 있는데 반대편에서 프랑스 노부부가 올라오고 있었다. 남편인 필립과 먼저 만나 이야기를 나누고 있으니, 그의 부인 마리안느가 뒤이어 올라왔다. 방콕을 시작으로 4개월째 여행하고 있다고 했다. 나이 들어서도 장거리 자전거 여행을 하고 있는 그 부부가 몹시 부러웠다.
    마을을 지날 때마다 만나는 애들 대부분이 나에게 '헬로'를 외쳤고, 나는 그때마다 '안녕하세요'라는 뜻의 라오스 인사말인 '사바이디'로 응대했다. 버스에서 내려 자전거를 타기로 한 건 정말 탁월한 선택이었다. 잠시 쉬면서 한쪽으로 처진 가방도 다시 고쳐 맸다. 학생 두 명이 그런 내 모습을 지켜보고 있다가, 몇백 미터를 함께 달리기도 했다.

무앙마이(Muang Mai)에 도착해서 볶음밥으로 라오스 첫 식사를 했다. 주방 안에서는 초등학생쯤 되어 보이는 소녀 두세 명이 분주히 움직였고, 젊은 아주머니는 카운터 뒤에서 휴대폰에 시선을 고정하고 있었다. 낯설고 조금은 어색한 풍경이었지만, 섣부른 판단은 무리라고 생각했다. 진짜 궁금한 건 '이 아이들은 행복할까?'라는 것이었는데, 그 답은 알 수 없었다. 가격은 55,000킵(3,500원)이었는데, 베트남보다 물가가 비쌌다. 처음으로 네이버페이를 이용하여 GLN QR코드 결제를 해 보았다. QR코드만 카메라로 인식시키면 자동으로 결제가 되어 편리했다.

오후로 접어들자 기온이 급격히 올라갔다. 앱으로 확인해 보니 기온은 23℃인데, 체감 온도는 26℃였다. 따가운 햇살을 피하려고 버퍼로 얼굴을 단단히 가린 뒤, 1시경 무앙쿠아(Muang Khua)로 출발했다.

몇 킬로미터도 가지 못해 가파른 오르막이 나타났다. 처음엔 버텨 보려 했지만, 이내 속도가 떨어지고 페달은 무거워졌다. 결국 자전거에서 내려 끌바를 시작했다. 물은 거의 바닥이었고, 등 뒤의 짐은 묵직했다. 오르막의 끝은 보이지 않았다.

'아, 오늘 중으로 고개를 넘을 수 있을까?'

몇 년간 운동을 제대로 하지 못했다는 것도 있지만, 5일 만에 찾아온 부정맥으로 제대로 힘을 쓸 수 없었다. 엎친 데 덮친 격이었다.

그늘진 길가에 멈춰 서서 숨을 고르며 핸들에 몸을 기대었다. 고개를 들자, '되돌아갈까?'라는 생각이 스쳤다. 하지만 다시 내려간다고 해서 달라질 건 없었다. 어차피 넘어야 할 고개였다.

'지금 이 순간을 넘기면, 분명 오늘 밤은 다르게 기억될 거야.'

그렇게 나 자신을 설득하며 한 발씩 끌고 올랐다. 2014년 처음으로 참가한 무주 그란폰도에서 마지막 구간인 적상산 8km 구간을 오를 때 느꼈던 그 무겁고 지친 감각이 그대로 되살아났다. 쉬는 간격이 점점 짧아졌고, 물통의 물은 바닥을 보였다.

다시 멈춰 땀을 닦고 있을 때, 마침 트럭 한 대가 올라왔다. 무심코 손을 들자, 트럭이 멈춰 섰다. 운전자에게 무앙쿠아까지 태워 줄 수 있느냐고 묻자, 그는 말없이 고개를 끄덕였다. 자전거와 짐을 싣고 볏짚이 깔린 짐칸에 올라탔다. 그 순간, 몸의 무게만큼 마음의 짐도 내려놓을 수 있었다. 땀이 식으며 맞닿은 바람은 인생에서 가장 시원하고 고마운 바람이었다. 인생 최초의 히치하이킹은 그렇게 세상 그 무엇도 부럽지 않은 시간으로 자리 잡았다.

무앙쿠아까지 약 17km를 남겨 둔 지점에서 트럭에서 내렸다. 체력도 어느 정도 회복되었고, 사전에 파악한 바로는 남은 길은 내리막이었다. 무엇보다 이 고산 지대의 풍경을 페달 위에서 만끽

하고 싶은 마음이 컸다. 바람을 가르며 내려가는 동안, 눈 앞에 펼쳐진 풍경은 한 폭의 그림이었다. 중간중간 자전거를 세워 가며 그림을 카메라에 담았다. 그렇게 내리막길을 따라 페달을 밟던 중, 문득 아침에 국경 근처에서 마주쳤던 필립 부부가 떠올랐다. 이 길을 반대로 오른 그 부부가 한없이 존경스러웠다. 한 시간여를 달려 무앙쿠아 시내에 도착한 후, 곧장 숙소부터 찾았다. 땀에 절어 있었기에 체크인보다 먼저 샤워가 급했다.

잠시 둘러본 무앙쿠아는 가게 진열대의 몇몇 상품만이 현재와 나란히 할 뿐, 마치 우리나라 1970년대를 옮겨 놓은 듯한 풍경이었다. 같은 숙소에 묵고 계시는 우리나라 아저씨 한 분을 만나 저녁 식사를 함께하며 동남아 관광에 관한 유익한 정보를 많이 들었다. 농키아우로 가는 길에, 경치 좋고 여러 수상 레저도 즐길 수 있는 무앙응오이(Muang Ngoy)도 꼭 들러 보라고 추천해 주셨다.

오랜만에 자전거로 50km가량(트럭 이동을 제외하면 약 37km) 달리다 보니 피곤이 몰려와 일찍 잠자리에 들었다. 부정맥과 길고 가파른 오르막으로 힘들었지만, 길 위의 고마운 인연으로 무사히 이곳까지 올 수 있었다.

또 하루가 간다. 암담했던 고갯길, 트럭 위의 바람, 포근한 볏짚 냄새 그리고 사바이디. 이 모든 게 오늘 하루를 오래 기억되게 할 것이다.

보트 여행

(무앙쿠아 – 농키아우)

이번 여행의 생활 패턴은 '일찍 자고 일찍 일어나기'로 굳어지고 있다. 새벽 5시쯤에 일어나 출발 준비를 마친 뒤, 마을 구경을 위해 나가니 외국 여행자 두 명이 큰 배낭과 작은 배낭을 앞뒤에 메고 숙소 앞을 지나가고 있었다. 같은 길 위에 있지만, 각자의 여정은 저마다의 속도로 흘러가고 있었다. 천천히 걸으며 삼거리 쪽으로 나가 버스 정류장으로 가 보니 7시에 베트남 디엔비엔푸로 가는 버스가 손님들을 기다리고 있었다.

어제 저녁 식사를 함께한 아저씨께서 소개해 주신 흔들 다리로 가다 골목에서 쪼그려 앉아 와플을 굽고 계신 할머니를 발견했다. 호기심에 5,000킵(320원)을 주고 얇은 와플을 먹어 보았다. 약간 달콤한 맛의 와플을 라오스 마을에서 먹어 보리라고는 예상하지 못했다.

흔들 다리를 왕복하며 마을의 전경을 사진으로 담고 다시 삼거리로 돌아오니, 길가 한쪽에 사람들이 무릎을 꿇고 앉아 있었다.

이내 주황색 승복의 스님들이 나타났고, 그것이 탁발 풍경임을 알게 되었다. 마을 여인들이 두 손을 모은 채 정성을 다해 공양을 올리는 모습은 잔잔하면서도 깊은 울림으로 다가왔다.

'까오삐약(Khao Piak)'은 대표적인 라오스 쌀국수다. '까오삐약 무(mu)'는 돼지고기, '까오삐약 까이(kai)'는 닭고기 쌀국수다. 숙소 앞 노점 가게에서 까오삐약 까이는 안 된다고 하여 까오삐약 무를 주문했다. 처갓집에서 장인어른께서 가끔 수육을 해 주실 때 외에는 장작불 요리를 접할 기회가 거의 없었는데, 여기서는 장작불이 주된 조리 화력인지 이곳에서도 장작불을 사용하고 있었다. 담백하고 맛있어서 한 그릇을 금방 비웠다. GLN Onepay로 3만 킵(1,920원)을 지불했다.

숙소 주인 할아버지께서 무앙응오이행 보트가 9시에 출발하니, 30분 전까지는 선착장에 가야 한다고 알려 주셨다. 시간 여유가 있어, 자전거를 타고 마을을 한 바퀴 돌아보기로 했다.
철물점 앞에는 대장간에서 만든 칼들이 진열되어 있었고, 크기별로 담긴 못이 나란히 상자에 담겨 있었다. 그리고 이제는 우리의 일상에서는 볼 수 없는 풍로가 가지런히 놓여 있었다.
무심코 다리를 건너다가 등교하는 여학생들에게 사진 촬영을 부탁했다. 그리고는 구글 지도에서 학교를 검색한 후 호기심에 찾아가 보았다. 라오스에서도 베트남처럼 길가에서 닭들이 떼 지어 다녔다. 오늘따라 그 모습이 유난히 정겹게 보였다.

　외부인은 출입 금지일 것 같아서 학교에는 들어가지 않고 정문에서 운동장 쪽을 바라보니, 학생들이 탁자 위를 청소하고 있었다. 아마도 어제저녁에 행사가 있었던 것 같았다. 내가 사진을 찍는 모습을 본 학생들이 반갑게 손을 흔들어 주었다.

　8시 30분 전에 선착장에 도착하니 보트를 점검하고 있던 선장이 사무실의 위치를 가르쳐 주었다. 사무실에 들러 자전거 운임까지 포함한 무앙응오이행 보트 요금 45만 킵(28,700원)을 OnePay로 지불했다. 자전거는 보트 지붕 위에 실었다. 자전거야말로 이번 여행에서 정말 다양한 체험을 하고 있다.
　보트 출발 시간은 9시가 아니라 10시였고, 다른 짐들을 실으려고 그마저도 30분 정도 늦게 출발했다. 보트에는 태국 출신인 마이클과 그래미 그리고 현지인 남자 2명이 탑승했다. 보트는 성인 2명이 나란히 앉을 정도로 폭이 좁았지만, 30~40명은 탈 수 있을 정도로 길었다. 구명조끼나 안전 장비는 찾아볼 수 없었다. 흐린 날씨에 보트 위에서 맞는 강바람은 생각보다 차가웠다. 남쪽으로 내려와서는 입을 일이 없을 것 같았던 재킷이 큰 역할을 했다.

　보트는 마치 시골 버스처럼 여러 마을에 들러 손님을 태웠다. 그중에서 언덕 아래로 작은 오두막들이 자리를 잡고 있고, 선착장에서 꼬맹이들이 해맑게 웃으며 이방인을 맞이했던 첫 마을은 외부와 단절된 오지 분위기를 물씬 풍겼다. 마이클에게 이 동네에 전기가 들어오는지 물었다. 그는 제법 묵직한 보따리를 들고 보트에 탄 마을 아주머니에게 다시 물었고, 아주머니는 고개를 저었다. 라오스어가 태국어와 비슷하기에 가능한 대화였다. 그 짧은 대답 하나가 오랫동안 여운을 남겼다. 선착장 주변의 오두막과 무심히 자리에 앉아 있는 아주머니의 옆모습을 번갈아 바라보며 이런저런 생각에 잠겼다. 전기가 없는 세상을 과연 상상이나 할 수 있을까? 이 마을 사람들은 우리가 사는 세상을 알기나 할까? 저 아주머니의 삶은 행복할까? 문명이 과연 행복의 필수 조건일까? 질문은 꼬리를 물었고, 대답은 쉽게 떠오르지 않았다.

우리나라에도 한강, 낙동강 등 굵직한 강들이 있다. 그러나 정작 강을 실제 교통로로 활용하는 경우는 드물다. 일부 지역에서 유람선이 운행되긴 하지만, 이곳처럼 강을 따라 마을과 마을을 잇는 배가 일상적인 교통수단인 경우는 거의 없는 것 같다. 그래서일까. 한동안 배에서 보내는 시간이 낯설게 다가왔다. 섬 여행을 위해 간혹 페리를 타 본 적은 있지만, 이렇게 20~30m 폭의 강을 보트로 이동한 것은 처음이었다. 바다에서는 멀리 수평선이나 점점이 떠 있는 섬들을 바라보며 나아가지만, 강에서는 양옆에 펼쳐진 자연과 집들, 마을과 사람들이 함께 흐른다. 그래서인지 바다보다 강에서 더 큰 정서적 안정감이 느껴졌다.

무앙응오이까지는 중간에 댐이 가로막혀 있었다. 댐 앞의 마을에서 내려 송태우로 갈아타고 몇 킬로미터를 이동하여 댐 아래의 선착장에 도착하니 남녀 자전거 여행자가 흙길에서 자전거를 끌고 반대 방향으로 올라가고 있었다. 무앙쿠아에서 댐 상류까지는 그저 평범한 강변 풍경이었지만, 하류로 내려오자 산세와 강가에 들어선 집들이 어우러져 훨씬 더 아름다운 풍경을 연출했다.

애초에는 무앙응오이에 머물 계획이었지만, 마이클과 그래미를 따라 농키아우(Nong Khiaw)까지 직행하기로 마음을 바꿨다. 자전거 대신 수로를 선택한 이유는 이 구간의 강변 풍경이 무척 아름답다는 말을 들었기 때문이다. 물론 무앙응오이도 유명한 관광지지만, 하루를 묵고 다음 날 다시 배를 타는 번거로움까지 감수할 필요는 없어 보였다. 그보다는 농키아우까지 이어 내려가며 강변 풍경을 계속 즐기는 쪽이 더 나은 선택이라 생각했다. 무앙응오이에서 보트를 갈아타며 추가로 10만 킵(6,400원)을 지불했다.

오후 4시경, 농키아우 선착장에 도착했다. 보트를 타고 오며 멀리서 바라본 농키아우는 소문대로 매력적인 마을이었다. 강가를 따라 줄지어 선 집들이 특히 인상 깊었다. 하지만 선착장에서 내리자마자 징검돌 위로 자전거를 옮겨야 했고, 곧이어 먼지 자욱한 길을 자전거를 끌며 이동해야 했다. 보트에서 편안하게 시간을 보냈던 다리와 팔은 마지막 순간에 다시 힘을 쏟아부으며 현실로 돌아와야 했다.

마이클과 그래미 덕분에 강변에 있는 깔끔한 숙소를 찾을 수 있었다. 숙박비는 40만 킵(25,500원)이었다. 자전거 이동으로 지친 나를 대신해 두 태국 친구가 숙소를 인터넷으로 검색하고, 직접 발품을 팔아 확인한 뒤 방 상태를 영상으로 보여 주기까지 했다. 고맙고도 세심한 배려였다.

숙소에 도착할 때까지 먹은 것이라곤 아침의 까오삐약 한 그릇이 전부여서 짐을 풀자마자 곧장 식당으로 향했다. 현지 음식에 익숙한 마이클이 능숙하게 주문을 맡았고, 메뉴 중 하나는 남오우강에서 갓 잡은 대형 민물고기로 끓인 탕이었다. 식당 주인아주머니의 말에 따르면, 그 생선의 무게가 무려 23kg이나 된다고 했다. 밥이 모자라 공깃밥을 추가로 시켰고, 오늘 하루 두 사람의 친절에 대한 작은 보답으로 식사비는 내가 계산했다. 식사 후에는 소화를 겸해 마을을 산책하며 다리까지 걸어갔다. 연신 하품을 하던 나를 본 마이클이 "돌아가자."며 웃었다.

샤워를 마친 뒤 가족들과 영상 통화로 새해 인사를 나누었다. 2025년, 한 해의 시작을 라오스에서 맞이하게 되었다. 피곤함에 눈을 감은 사이, 해는 조용히 새해로 넘어가 있었다. 낯선 곳에서 낯익은 온기를 느끼며 한 해를 보내고 또 새로운 한 해를 맞이하였다.

라오스에서 한 해를 마무리하며

　보트를 타고 약 다섯 시간을 오면서, 올 한 해를 잠시 되돌아보았다.

　직장을 떠나 연구 교수로 지낸 4년을 마무리하고, 여러 부담과 가식을 훌훌 털어 낸 채 오롯이 강의에만 집중할 수 있는 대학 강사의 길로 들어선 2024년은 내 인생의 또 다른 전환점으로 남을 것이다.
　'영원한 것은 없다'라는 진리를 통해 삶이 얼마나 냉정한가를 직시하게 되었다. 스승과 제자의 관계도. 모교라는 관념도 영원한 것은 아니었다.

　대마도, 제주도, 괌 등을 여행했다. 그중에서도 두 발로 독도를 밟았던 순간이 가장 인상 깊었다.
　아내가 병원을 다니느라 고생을 많이 했다. 앞으로는 그럴 일 없을 것이다.
　아들과 딸이 제 몫을 하는 어엿한 직장인으로 거듭나고 있다.

시를 배우고, 서예를 다시 시작했다. 잘한 일이었다. 대신에 달리기, 검도 그리고 수영과는 잠시 멀어지게 되었다. 하지만 5년 만에 경주 동아마라톤대회에서 하프를 완주할 수 있어 기뻤다.

내년에도 우리 가족이 건강하고 행복하길 소원한다. 그리고 비상계엄령, 탄핵, 비행기 추락 사고 등 역사에 기록될 만한 일들이 없는, 그저 평범한 나날이길 소망한다.

농키아우의 하루

2025년 새해가 밝았다. 하지만 라오스의 아침에서 새해라는 것을 피부로는 느낄 수 없었다. 기온은 아침에도 10℃ 안팎, 오후에는 30℃ 가까이 치솟았다. 찬바람과 두터운 외투 속에서 새해를 맞이하던, 익숙한 겨울 풍경은 이곳에 없었다. 계절의 실루엣이 지워진 이 여름의 풍경 속에서, 새해라는 감각도 함께 흐려졌다. 달력은 분명 1월 1일이었지만, 마음속으론 조금 따뜻한 수요일일 뿐이었다.

강가의 숙소에서 골목길로 올라서니 나란히 늘어선 가정집들이 눈에 들어왔다. 낡은 시멘트벽과 낮은 지붕, 울퉁불퉁한 마당은 마치 1970년대 초 우리나라 시골 마을을 연상케 했다. 마을을 가로지르는 좁은 아스팔트 길을 걷다가, 한 남성이 집 앞에서 호스로 차를 세차하는 모습을 보았다. 이곳에서는 자동차 한 대만 있어도 비교적 여유로운 삶을 사는 사람일 것이다. 하지만 이런 소박한 생활 풍경과는 다르게, 곳곳의 골목 어귀마다 수상 레저나 트레킹 등 다양한 체험 상품을 광고하는 안내판이 세워져 있고, 거리 곳곳에서 외국인 여행자들을 많이 볼 수 있는 것을 보면 이곳이 여름 관광지로 널리 알려진 곳임을 어렵지 않게 알 수 있었다. 그래서인지 여행자의 필요를 채워 주는 세탁소 간판도 자주 눈에 띄었다.

도롯가 작은 식당에서 꼬지를 굽고 있는 주인에게 까오삐약을 먹을 수 있냐고 물었다. 고개를 끄덕이며 자리를 권했고, 잠시 후 요리를 맡은 아주머니가 장을 본 듯 스쿠터에 여러 비닐봉지를 싣고 돌아왔다. 국물이 무앙쿠아에서 먹었던 장작불 쌀국수만큼 깊진 않았지만, 나름 먹을 만했다.

식사를 마친 뒤, 루앙프라방으로 떠나는 태국 친구들을 배웅했다. 이 친구들 덕분에 무앙쿠아에서 보트를 타고 이곳 농키아우까지 올 수 있었으며, 숙소도 쉽게 잡을 수 있었다. 정류장에 도착한 그래미가 왓츠앱으로 자전거를 지붕에 싣는 사진을 보내 줬다. 어제 친구들이 버스표를 예약할 때 루앙프라방행 버스에 자전거 적재가 가능한지 여행사 직원에게 물었지만, 정확한 답을 듣지 못했었다. 다행히 그래미의 사진 한 장이 그에 대한 확실한 답이 되었다.

태국 친구들을 배웅한 뒤, 자전거를 타고 솜낭 전망대를 향해 출발했다. 하지만 얼마 가지 않아 카페 앞에서 멈췄다. 아침에 먹은 까오삐약 한 그릇으로는 부족했는지 배가 고팠다. 따뜻한 우유와 빵을 주문해 간단히 요기한 뒤 다시 페달을 밟았다.

중심지를 지나 다리를 건넌 후, 구글 지도가 안내한 방향으로 좌회전하자 눈앞엔 가파른 샛길이 나타났다. 그 길은 아닌 듯해 되돌아가려다, 호기심에 무앙응오이 방향으로 더 달려 보았다. 길은 비포장이었지만, 어제 보트를 타고 올 때 보았던 것처럼 수려한 풍경 속 곳곳에는 고급 빌라들이 들어서 있었다. 그중 '메종 데 농키하우'라는 빌라에 잠시 들어가 보니, 별채 형식으로 구성된 구조가 무척 아늑해 보였다. 물론 가격도 그만큼 만만치 않아 보였다. 라오스는 우리의 과거 모습만 갖추고 있는 것은 아니었다.

먼지 풀풀 달리던 흙길이 돌아올 때는 정답기까지 했다. 다시 중심가 쪽으로 되돌아와 좌회전하니, 처음에 지나쳤던 솜낭 전망대의 입구와 함께 매표소가 눈에 들어왔다. 입장료는 4만 킵(2,550원), 전망대까지는 약 30분이 걸린다고 했다. 자전거는 입구 직원에게 맡기고 전망대 산행을 시작했다.

시작부터 경사가 제법 가팔랐다. 한참을 오르자 해먹이 여러 개 걸려 있는 넓은 쉼터가 나타났고, 해먹에 누워 쉬던 아이들에게 사진을 찍자고 하니 신이 나서 달려왔다. 다시 이어진 길에서 시멘트로 포장된 계단을 보니, '굳이 이렇게까지 인공적으로 만들 필요가 있었을까?' 하는 아쉬움이 들었다. 간간이 놓인 플라스틱 휴지통도 아쉬움을 더했다.

거의 30분 만에 정상에 도착했고, 실제 거리는 750m 남짓이었다. 전망대에서 내려다본 농키아우는 남오우강과 함께 어우러져 아름답고 시원한 조망을 연출하고 있어 땀 흘려 올라오길 잘했다는 생각이 절로 들었다. 쉼터에 앉아 간식과 물을 마시며 무려 한 시간을 느긋하게 보냈다. 새해 첫 산행치고는 나쁘지 않았다.

오후 1시쯤 전망대 입구로 다시 내려온 뒤 근처 식당에서 돼지고기카레를 먹으며 허기를 달랬다. 식사 후 다리를 건너며 문득 어제 보트에서 내렸던 선착장을 내려다보았다. 흙길을 자전거를 끌며 힘겹게 올라왔던 기억과 함께 어제 두 태국 친구들이 나에게 베풀어 준 친절과 배려가 새삼 따뜻하게 다가왔다.

새해 첫날이라 그런지 아침에 잠시 열렸던 여행사 사무실은 닫혀 있었고, 내일 차편을 알아보려 정류장에 가 보니 버스 몇 대만 주차되어 있을 뿐 정류장 사무실도 굳게 닫혀 있었다. 주변에 있던 아저씨가 루앙프라방행 버스는 내일 오전 9시에 출발한다고 알려 주었다.

숙소로 돌아와 셔츠며 양말 몇 켤레 등을 빨고 휴식을 취했다. 오후 4시가 넘자 바람이 한결 선선해졌다. 햇살 아래 금세 마른 빨래를 걷은 뒤, 자전거를 타고 루앙프라방 방향으로 가볍게 몸을 풀 듯 달려 보았다. 잠시 쉬고 있는데, 루앙프라방에 도착한 그래미가 도로가 거칠고 경사도 꽤 된다는 메시지를 보내왔다. 그 소식에 마음이 무거워지기도 했지만, 이내 라오스 국경을 넘어오던 길에서 만났던 필립 부부를 떠올렸다. '그 노부부는 무거운 짐을 싣고도 그 길을 달렸는데, 나라고 못 할 게 있을까?' 그렇게 마음이 움직이는 듯했지만, 막상 버스를 탈지 자전거를 탈지 결정하는 일은 여전히 쉽지 않았다. 이틀 동안 지속되었던 부정맥은 다행히 다시 정상으로 돌아왔다. 내일 아침, 몸 상태를 살펴본 뒤 최종 결정을 내리기로 했다.

그래, 달려 보는 거야!
(농키아우 - 하드크하이르)

자전거냐, 버스냐? 어제저녁까지 이어진 고민 끝에 결국 페달을 밟아 보기로 했다. 일단 떠나 보고, 도저히 안 되겠다 싶으면 그때 버스를 타면 된다. 하지만 처음부터 라이딩을 포기해 버리면 그 길에서 마주할지도 모를 즐거움과 새로운 만남은 애초에 사라져 버리니까.

새벽 어스름 속에서 출발 준비를 마치고 숙소 앞 남오우강을 내려다보았다. 물안개 너머로 흐릿한 풍경이 눈에 들어왔고, 문득 이 마을의 하루는 어떻게 시작되는지 궁금해졌다. 주변을 잠시 걸어 보니, 이른 시간이었지만 동네 사람들은 벌써 하루를 준비하고 있었다.

도로에 나와 자전거를 다시 점검한 뒤 6시 45분, 드디어 루앙프라방을 향해 출발했다. 채 몇 분도 지나지 않아, 어젯밤의 고민은 싱겁게 사라졌다. 아침의 선선한 바람을 가르며 나아가는 순간, 몸이 먼저 반응하며 자전거를 선택한 것이 잘한 것임을 말해 주었다. 5km쯤 달린 지점에서 잠시 멈춰 숨을 고르며 컨디션을 확인했다. 물에 활성비타민을 넣고, 철인 3종 경기에서처럼 에너지를 보충하기 위해 아미노바이탈(스포츠용 영양제) 한 포도 꺼냈다. 큰 경사만 없다면 시속 15km 정도는 무리 없을 듯했고, 두 다리는 가볍게 페달을 돌렸다.

마을을 지날 때마다 아이들이 손을 흔들며 인사를 건넸다. 나도 그때마다 "사바이디!" 하고 손을 들어 화답했다. 낯선 자전거 아저씨가 뭐 그리 반가울까. 아이들의 환한 얼굴이 순풍처럼 나를 밀어 주었다.

도로는 낙타 등처럼 오르막과 내리막으로 물결쳐 지루할 틈이 없었다. 시야가 트인 10% 내외의 내리막길에서는 속도를 한껏 내며 바람을 가르기도 했다.

남박(Nam Bak)에서는 현금을 인출한 김에, 혹시 다음 마을에서 물을 구하지 못할까 싶어 0.5L짜리 물 한 병도 샀다. 손에 돈과 물이 들리니 두려울 게 없었다.

9시쯤 팍몽(Pak Mong)에 도착해 까오삐약 까이(닭 쌀국수)를 처음 먹어 보았다. 면발은 쫄깃했고, 국물은 진하고 담백해서 금세 한 그릇을 비웠다. 고수를 빼 달라는 말을 하지 못해 걱정했는데, 주인아주머니가 "조금 들어 있으니 그냥 먹어도 괜찮다."고 했다. 아직은 고수의 향에 익숙해지지 못해 대부분 골라내며 먹었다.

가던 길에 대나무로 짠 닭장을 스쳐 지나쳤다가, '저 귀한 것을 지금 안 찍으면 후회할 것 같다.'라는 생각에 자전거를 멈추고 다시 돌아섰다. 한국의 박물관에도 없을 법한 대나무 닭장이 이곳 라오스에는 일상처럼 놓여 있었다. 혹시나 해서 옆에 있던 아저씨에게 닭장을 가리키며 몸짓으로 물으니, 맞다는 듯 고개를 끄덕였다.

10시를 넘기자 구름에 가려 있던 해가 천천히 모습을 드러냈다. 챙 모자를 잃어버린 터라, 얼굴로 내리쬐는 햇볕을 그대로 받아야 했다. 남쏘우암(Nam Thouam)에 이르러서야, 지금까지의 라오스 가게와는 차원이 다른 옷 가게를 발견했다. 모자가 필요하다고 하니 몇 개를 보여 주었고, 그중 하나를 10만 킵(6,400원)에 구입했다. 어제 농키아우에서도 모자를 보긴 했지만 너무 두껍고 디자인도 마음에 들지 않아 그냥 지나쳤는데, 지금 생각해 보면 잘한 선택이었다.

모자로 눈부심을 막고, 버프로 얼굴을 감싼 후 다시 출발했다. 조금 더 달리니 이전 마을에서는 볼 수 없었던 몽족 청년들이 길가에 모여 있었다. 무슨 행사가 있는지 다들 전통 의상을 곱게 차려입고 있었고, 길가 풍경이 마치 축제 전날처럼 화사했.

길가에 앉아 일하고 계시던 할머니를 사진에 담고 싶어 손짓하니, 머리에 두르고 계시던 수건을 벗으며 환하게 내 쪽을 바라보셨다. '컵짜이.' 고마움이 절로 나왔다.

어릴 적 기억을 떠올리게 하는 낯익은 농촌 풍경들이 발걸음을 자꾸 멈추게 했다. 모내기를 하는 사람들과 모를 찌는 여인 그리고 논을 가는 사람들을 보고 있노라니 정답고 평화로웠던 어린 시절 외갓집 마을이 생각나기도 했다.

　오르막을 힘겹게 오르던 중, 건너편에서 누군가가 나를 촬영하고 있었다. 러시아 출신의 알렉스였다. 4년째 자전거 여행을 하고 있다고 했고, 어제 묵었던 숙소도 친절하게 소개해 주었다.

　시간이 흐를수록 햇살은 강해지고, 체력은 조금씩 떨어졌다. 자연스럽게 쉬는 간격도 잦아졌다. 평소 같으면 그냥 지나쳤을 과일 노점 앞에서도 자전거를 멈췄다. 줄지어 늘어선 간이 좌판에서 귤과 대추만 한 크기의 '마까탄'이라는 과일을 0.5kg씩 샀다. 한 입 베어 물자 아삭한 식감이 입 안에 퍼졌다. 과일을 건네주는 아주머니는 임신 중인 듯 배가 불러 있었고, 나는 번역기를 꺼내 '예쁜 아기 낳으세요.'라고 건넸다. 그녀는 수줍게 웃으며 고마움을 전했다. 세상 어디에서든, 아기는 삶의 축복임을 다시금 느꼈다.

　50km를 넘기자 이전보다 길고 경사가 가파른 오르막이 잇따라 나타났다. 12시를 넘기며 허기가 서서히 밀려왔다. 마침 고갯마루 근처에 식당 하나가 보여 자전거를 세웠고, 이번에도 까오삐약을 주문했다. 속으론 밥을 원했지만, 의사소통이 여의치 않아 가장 익숙하고 무난한 메뉴를 선택한 것이다. 국물 맛에 변화를 주고 싶어 매운 소스를 조금 넣어 봤다. 붉은빛이 고춧가루와 닮았지만, 풍미는 낯설고 강렬했다. 참고로 아침에 먹은 까오삐약은 3만 5천 킵(2,230원)이었는데, 이곳은 5만 킵(3,200원)이라 다소 비쌌다. 손짓으로 가격을 물었더니 아주머니는 지폐 한 장을 들어 보였다.

알아들을 수 없는 라오스 말이나 숫자를 적은 계산기를 들이밀 줄 알았던 내 고정 관념을 와르르 무너뜨린 그 손짓에는 삶의 여유마저 묻어 있었다.

그 뒤로 알렉스가 소개해 준 숙소까지는 고개 두 개를 더 넘어야 했다. 마지막 고개는 제법 경사가 가팔랐는데, 허기진 상태였다면 꽤 버거울 정도였다. 식사를 미리 해 둔 것이 얼마나 다행이었는지 모른다.

마지막 고개를 넘자 '하드크하이르(Hadkhair)'라는 작은 마을이 모습을 드러냈다. 농키아우에서 약 75km 떨어진 곳으로, 오후 2시가 조금 지난 시각이었다. 마을에 하나뿐인 게스트하우스는 소박했다. 숙소 화장실에서 흔히 볼 수 있는 타일 바닥은커녕, 시멘트 바닥 위에 변기와 간이 샤워기만 덩그러니 놓여 있을 뿐이었다. 하지만 이 마을에서는 그마저도 과분하게 느껴졌다. 온종일 햇볕에 지친 몸을 눅눅한 밤공기 대신 지붕 아래에 누일 수 있다는 것만으로도 감사하다는 표현이 더 적합한지도 모르겠다. 5km가량 떨어진 곳에 또 다른 숙소가 있다는 것을 구글 지도로 확인했지만, 굳이 더 갈 이유는 없어 보였다.

샤워를 마친 뒤, 심부름 삼아 놀러 온 아이들과 잠시 말장난을 주고받았다. 물도 살 겸 자전거를 타고 동네를 천천히 둘러보았는데, 언덕 비탈에서 흙장난하며 노는 아이들의 모습이 눈에 들어왔다. 이것저것 배우느라 늘 바쁘게 움직이는 우리나라의 또래 아이들과는 사뭇 다른 풍경이었다. 이번 여행 내내 아이들 소리가 가까이에 있어 참 좋다. 새소리나 바람 소리 못지않게, 아이들의 웃음소리도 이곳 풍경의 일부가 되어 마음 깊은 곳을 살며시 채워 주고 있다.

가게의 모습은 1970년대 우리나라 동네 구멍가게보다도 더 소박했다. 진열은 어수선했고, 먹고 싶은 과자를 찾으려 해도 눈에 띄는 게 없었다. 어쩌면 '선택'이라는 말조차 사치처럼 느껴질 만큼 있는 것 안에서 고르는 곳이었다.

오늘 하루 꽤 많은 에너지를 썼고, 아침과 점심을 모두 까오삐약으로 때운 터라 저녁만큼은 든든하게 먹고 싶었다. 다행히 숙소에서 닭 요리가 가능하다고 하여 부탁드렸더니, 주인 할머니께서 정성스럽게 백숙과 튀김을 차려 주셨다. 숙박비 20만 킵(12,800원), 저녁 식사비 15만 킵(9,600원). 오늘 하루, 주인 할머니의 매출에 제법 보탬이 된 듯하다.

또 하루가 저물었다. 자전거를 타고 오면서 마주한 여러 만남이 인상적이어서, 오늘 루앙프루방행 버스를 탔다면 두고두고 아쉬웠을 것이다. 도로는 라이딩하기에 나무람이 없었다. 움푹 파인 곳이나 자갈길은 회피하거나 속도를 늦추면 되기 때문에 라이딩에 지장을 줄 정도는 아니었다. 무앙차이 - 무앙쿠아 구간에서 경험한 수 킬로미터 이상의 오르막은 없었으며, 오른다 싶으면 내려가고, 내려간다 싶으면 오르막이 나와 아주 재미난 라이딩을 할 수 있었다. 한산하다 싶으면 집과 상점들이 줄 지어선, 예전 우리나라 마을의 국도변 풍경이 연출되었고, 그곳을 벗어나면 다시 여유로운 길이 이어졌다. 덕분에 두 바퀴로 밟은 길보다 마음에 담은 풍경이 더 길었다.

이제는 망설이지 말고 가자. 밝은 햇살과 친절한 사람들 그리고 오랫동안 잊고 살았던 옛 풍경이 오늘처럼 나를 기다리고 있을 테니까.

여기는 루앙프라방

2025년의 세 번째 아침. 새해란 말이 무색할 만큼 낯선 하루가 또 자연스럽게 시작되었다.

어제처럼 이른 시각에 출발하려고 서둘렀지만, 날은 이미 훤했다. 숙소 주인의 손녀 진(Jin)에게 작별 인사를 건네고, 도로가 있는 언덕 위로 올랐다. 거리는 짧았지만, 자갈길이라 자전거를 끌고 오르기가 쉽지 않았다.

안개가 산허리를 감싼 아침 풍경을 응원 삼아 루앙프라방을 향해 힘차게 페달을 밟았다. 오늘은 어제보다 짧은 65km 구간이라 서두를 필요가 없었다. 대신 서행하며 안전 주행에 집중했다.

10km쯤에 나타난 첫 번째 고개는 초입부터 다리가 무겁게 느껴졌고, 아직 사점(死點, dead point)을 통과하지 못한 호흡은 거칠었다. 운동 초반에는 호흡 곤란, 가슴 통증, 두통 등으로 인해 운동을 중지하고 싶은 느낌이 드는데, 이 시점을 사점이라 한다. 거기에 아침부터 찾아온 부정맥도 한몫하고 있었다. 부정맥이 오면 평소에 거뜬히 오르던 산도 몇 번을 쉬어 가며 겨우 올라갈 정도로 몸이 힘들어진다.

고개 너머에 학교가 있는지, 학생 셋이 자전거를 끌며 나란히 오르고 있었다. 어제와는 다르게 짐을 재배치해 큰 가방에 더 많이 실었지만, 배낭은 여전히 어깨를 짓눌렀다. 안전을 위해 씌운 야광 헬멧 커버는 더위 앞에선 역효과였다. 땀이 식지 못하고 헬멧 안에 갇혀 답답함만 더해졌고, 머리는 점점 달아올랐다. 결국 고개 중턱에서 멈춰 서서 커버를 벗었다. 헬멧 속으로 스며드는 바람에 맥을 못 추던 컨디션도 서서히 제자리를 찾아갔다.

어느 마을을 지나는데, 빨간 지붕들이 산뜻하게 늘어서 있었다. 마치 한국의 전원주택 단지를 축소해 놓은 듯한 풍경이었다. 남오우강을 왼편에 두고 길을 따라 달리다 보니 강 쪽으로 탁 트인 공터가 나왔다. 이번엔 유난히 시야가 맑고 깨끗해서 자전거를 멈추고 한동안 강변을 바라보았다. 고요히 흐르는 물줄기와 그 너머 겹겹의 산들 그리고 그 곁에 서 있는 '루앙프라방 37km'라는 표지석이 오늘의 목적지가 멀지 않았음을 알려 주고 있었다.

도로 곳곳의 파인 자국이 어제보다 한층 더 깊어 보였다. 그 흔적의 주범은 단연 대형 화물 트럭이었다. 지나가는 차량 중 절반 이상이 거대한 짐을 실은 트럭이었고, 그 무게는 도로 위에 고스란히 흔적을 남기고 있었다. 정부나 지자체의 손길이 끊긴 탓인지, 도로는 오래전부터 방치된 듯 보수의 흔적조차 없었다. 그런데도 자전거는 묵묵히 바퀴를 굴렸다.

어제 머물렀던 숙소 주변에는 아침을 해결할 만한 곳이 없어 남은 귤 두 개와 비스킷 두 조각으로 간단히 끼니를 때웠다. 예상대로 허기는 금세 찾아왔다. 마을을 지날 때마다 식당을 찾아봤지만 좀처럼 눈에 띄지 않았고, 몇몇 가게를 들여다봐도 배를 채울 만한 건 없었다. 구글 지도에 표시된 두 식당에 기대를 걸어 봤지만, 아직 문을 열지 않은 상태였다.

그러던 중 남오우강 다리 앞 삼거리에 자리한 식당 하나가 눈에 들어왔다. 처음엔 익숙한 까오삐약을 주문했다가, 밥을 먹어야 힘이 날 것 같아 라오스식 볶음밥인 '카오팟'으로 바꾸었다. 주방은 식당 뒤편 벽면에 있었고, 정류장을 겸하는지 바깥 쉼터에는 버스를 기다리는 듯한 손님들이 여럿 앉아 쉬고 있었다. 고수를 빼 달라고 미리 부탁했지만, 국물에 약간 섞여 나왔다. 볶음밥은 생김새도 맛도 우리 것과 크게 다르지 않았다. 라오스의 소박한 풍경과 음식이 점점 더 정겹게 다가오는 듯했다.

식사를 마친 뒤, 루앙프라방까지 남은 30여km를 확인하고 구루맵스로 경사도를 살폈다. 다리를 건너면 6km 이내에 고개가 세 개 연달아 이어졌고, 그 이후는 지금까지와 비슷한 지형이 예상되었다. 오르막에 대비해 바람막이 야광 조끼를 벗고 다시 페달을 밟았다.

남오우강 다리 중간에서 내려다보니 두 사람이 카약을 저어가고 있었다. 이처럼 긴 강이라면 며칠을 따라 내려가며 카약을 즐기는 것도 가능하겠다는 생각이 들었다. 언젠가 꼭 해 보고 싶은 체험이 바로 이런 카약 캠핑이다.

첫 번째 고개는 경사 8% 정도에 1km가 채 되지 않았지만, 밥을 먹고도 오르기가 벅찼다. 이어서 만난 두 번째 고개는 경사는 덜했지만, 다 넘고 나니 숨이 턱까지 차올랐다. 부정맥의 기세가 점점 거세지면서, 페달을 돌리는 발목을 더 무겁게 했다.

힘겹게 고개 정상에 도착한 뒤 부근의 그늘에 놓인 건축 자재 위에 털썩 주저앉아 숨을 고르고 있는데, 근처에서 집을 짓고 있던 아저씨가 의자를 가져다주셨다. 말로 다 표현할 수 없을 만큼 고마웠던 배려였다. 30분쯤 앉아 있다 보니 그새 졸음까지 밀려왔다. 감사한 마음을 담아 아저씨와 기념사진을 찍고는 다시 일어나 세 번째 고개를 향해 페달을 밟았다.

루앙프라방으로 향하는 마지막 다리 위에서 사진을 찍고 있을 때, 화물 트럭 한 대가 지나가며 다리가 크게 흔들렸다. 잠시나마 다리가 무너지는 건 아닐까 하는 불안감이 엄습했다. 도시에 가까워질수록 도로 상태는 눈에 띄게 좋아졌다. 노면이 다소 거친 구간도 있었지만, 파인 곳들은 잘 정비되어 있어 속도를 줄여야 할 순간은 거의 없었다.

날이 점점 더워지면서 체력도 바닥을 드러냈고, 지친 자전거는 자주 멈추었다. 그러던 중 들른 가게에서 시원한 생수 한 병과 함께 올해 첫 아이스크림을 먹었다. 손바닥만 한 크기였지만, 달콤함이 피로를 씻어 주었다.

더위 속에서 담이 든 바지를 계속 입고 달리는 게 점점 부담스러워져 처음으로 라이딩 패딩 팬츠만 입고 달렸다. 어깨를 짓누르던 배낭을 가방 위에 올려 두고 타니 날아갈 듯했다.

 마지막 고개의 내리막길에서 독일인 자전거 여행자 커플과 잠시 이야기를 나눴는데, 오늘은 야영을 할 예정이라고 했다. 짐을 꾸린 모양새며 여유로운 태도까지, 자전거 캠핑 여행자의 전형적인 모습이 그들 안에 고스란히 담겨 있었다.

 남은 15km를 달려 어제 아내가 예약해 준 숙소인 포네타비(Phonethavy) 게스트하우스에 오후 1시 무렵 도착했다. 숨을 고르며 잠시 앉아 있다가, 종업원 랑에게 기념사진을 부탁했다. 배가 너무 고파 씻을 틈도 없이 근처 식당으로 향했고, 수박 주스와 함께 볶음국수 그릇을 단숨에 비웠다. 그래도 허기가 가시지 않아 챙겨 온 초콜릿까지 먹었다. 식사 후 근처 가게에서 슬리퍼를 사고, 숙소로 돌아와 샤워를 마친 뒤 침대에 몸을 눕혔다. 긴 하루의 여정을 끝낸 뒤의 달콤한 휴식은 오직 자전거 여행자만이 누릴 수 있는 특권처럼 느껴졌다.

 해 질 무렵, 메콩강변의 카페에 앉아 레모네이드 한잔을 앞에 두고 멍하니 일몰을 바라보았다. 우여곡절 끝에 베트남 사파에서 이곳 루앙프라방까지 온 여정이 파노라마처럼 스쳐 갔다.

 작년 초, 누군가에게서 무심히 들었던 낯선 지명 하나, 루앙프라방.

  그때만 해도 어디쯤에 있는지도 몰랐는데, 지금은 이곳의 카페에 앉아 메콩강을 내려다보며 과일 주스를 홀짝이고 있으니. 인생이란 참 재미있다.

  이제 도착했으니, 마음껏 즐겨 보자.

루앙프라방의 첫 하루
그리고 사람들

루앙프라방에서 맞는 첫 아침. 새벽 4시 무렵 눈이 뜨였다. 어둠이 채 가시지 않은 거리로, 설렘을 품고 이 낯선 도시의 하루를 엿보러 나섰다.

야시장 사거리의 모퉁이에는 작은 플라스틱 의자들이 줄지어 놓여 있었고, 그 앞엔 조그만 바구니들이 가지런히 놓여 있었다. 탁발 의식에 쓰일 준비물들인 듯, 조용한 거리의 공기 속에 경건한 기운이 서려 있었다.

탁발 의식까지는 아직 시간이 남은 듯하여 다음 블록에 있는 아침 시장으로 먼저 발길을 돌렸다. 입구에 들어서자 몇몇 노점에서는 장사 준비가 한창이었다.

장사를 준비하는 엄마 옆에는 아기가 종이상자 위에서 마치 그곳이 집인 듯 새근새근 잠들어 있었다. 엄마의 그림자에 감싸인 조그마한 몸 위로, 새벽 공기가 살며시 내려앉고 있었다. 그 풍경은 피곤함조차 품은 삶의 수채화였고, 그 안에서 이른 하루를 여는 시장 사람들의 고단함이 고스란히 전해졌다.

한편, 벌써 손님맞이 준비를 마친 가게들도 여럿 눈에 띄었다. 평화롭지만 분주한 루앙프라방의 새벽이 그렇게 열리고 있었다.

노점상들의 분주한 손길을 따라 시장을 한 바퀴 돌아본 뒤, 다시 탁발 의식을 보기 위해 야시장 사거리로 발길을 돌렸다. 5시 20분쯤, 모퉁이에 서 있다 미니밴에서 내린 관광객들이 하나둘 안쪽 거리로 걸어 들어가는 걸 보게 되었다. 그들의 발걸음에 자연스레 시선이 끌렸고, 직감적으로 '무언가 있다'라는 느낌이 들었다. 나도 그 흐름을 따라가 보니, 야시장 광장 맞은편 길가에도 사거리처럼 플라스틱 의자들이 줄지어 놓여 있었다. 그 길이는 족히 2~300m는 되어 보였고, 곧 시작될 의식의 규모를 짐작게 했다. 길 중앙에는 탁발 의식 중 지켜야 할 예절을 안내하는 입간판이 군데군데 세워져 있었다. '최소 3m 이상 떨어져서 촬영할 것', '플래시는 금지'라는 문구가 눈에 들어왔다.

5시 45분쯤, 주황빛 가사(袈裟)를 입은 여섯 분의 스님들이 조용히 행렬을 이루며 의자에 앉은 사람들 앞을 지나가기 시작했다. 사람들은 준비한 밥그릇에서 찹쌀밥을 조금씩 떼어 스님의 탁발 그릇에 정성껏 올렸다. 과자나 포장된 음식은 따로 마련된 바구니에 공양했다. 탁발 의식에 참여한 관광객들 사이에 현지 할머니 한 분이 조용히 앉아 계셨다. 스님들은 그분의 바구니에 관광객들이 공양한 과자들을 정성스레 담아 주셨다. 수행자들의 몫이 아니기에, 과자는 늘 이렇게 다른 누군가의 몫으로 흘러가는 것 같았다.

탁발 의식의 전반적인 분위기는 무앙쿠아와는 사뭇 달랐다. 그곳에서는 사람들이 무릎을 꿇고 두 손 모아 숙연히 음식을 공양했지만, 이곳은 관광객들의 체험에 더 가까웠다. 그럼에도 스님을 향한 공경과 부처님께 드리는 마음만큼은 다르지 않으리라 생각했다.

탁발 의식을 지켜본 뒤 다시 새벽 시장으로 발길을 돌렸다. 골목 안은 앞서 잠깐 둘러봤을 때보다 훨씬 더 많은 사람으로 붐볐고, 분주한 생기가 가득했다. 코코넛 팬케이크 한 장을 입에 문 채 시장 안쪽으로 천천히 걸어 들어가자, 줄지어 늘어선 채소와 견과, 싸전, 꼬치구이 가게들이 발걸음을 유혹했다.

랑삿 1kg을 흥정도 없이 10만 킵(6,400원)에 사자, 망고스틴은 마치 밑지는 장사라도 되는 양 살짝 찡그린 얼굴로 8만 킵(5,120원)에 내 손에 쥐여 주었다. 이어 옷 가게, 생선가게, 철물점, 전통 바구니 상점, 건어물 가게를 지나며 시장의 호흡을 따라 걸었다.

쌀국수 가게의 커다란 냄비에서는 뜨끈한 육수가 보글보글 끓고 있었고, 대여섯 개의 탁자마다 손님들은 국수 그릇을 비우고 있었다. 군고구마 가게를 지나칠 땐 문득 반가운 마음이 들었고, 1kg에 5만 킵(3,200원) 하는 사과는 내일 아침에 다시 와서 사기로 마음먹었다. 시장의 끝자락에는 새장에 갇혀 있는 방생용 새들이 조용히 날개를 접고 있었다.

'조금만 더 기다려. 곧 네가 원하는 하늘을 날 수 있을 거야.'

그렇게 마음 한 자락을 남기고 천천히 숙소 쪽으로 발길을 돌렸다. 루앙프라방의 새벽 시장은 오래전 우리 전통시장에서 맡았던 그 낡고도 따뜻한 사람 냄새를 고스란히 품고 있었다.

탁발 의식과 새벽 시장을 둘러본 뒤에는 자전거를 타고 루앙프라방 외곽을 천천히 돌아보았다. 선선한 공기 속에 메콩강은 유유히 흘렀고, 주말 아침의 거리는 고요하면서도 평화로웠다.

숙소에 돌아온 뒤, 학점 처리를 위한 문서를 작성해 해당 부서에 메일을 보내고, 액션캠 영상 파일을 원드라이브에 백업했다. 노트북 저장 공간이 부족해 걱정이었는데, 빠른 와이파이 덕분에 대용량 동영상도 문제없이 옮길 수 있었다. 외장 하드 없이도 정리되는 자료들이 그 어느 때보다 간편하게 느껴졌다.

작업을 마친 뒤, 새벽 시장에서 사 온 랑삿을 숙소 종업원 쑤진과 까먹으며 이야기를 나눴다. 루앙프라방으로 유학 온 고등학생 쑤진은 방과 후 이곳에서 일하고, 밤이면 거실 마루에서 잔다고 했다. 고등학생임에도 생계를 스스로 꾸려 나가야 하는 쑤진을 바라보며 잠시 생각에 잠겼다. 언젠가 라오스도 지금의 우리처럼 살아가게 될까? 시차만 존재할 뿐, 라오스도 우리와 같은 경제 발전의 궤도를 밟고 있는 걸까? 과거의 우리와 현재의 라오스가 겹치며, 생각들이 뇌리를 맴돌았다.

오후 1시, 앗사린 식당에서 샌더와 점심을 함께했다. 베트남 국경 도시 디엔비엔푸 숙소에서 처음 만난 이후, 간간이 왓츠앱으로 안부를 주고받던 그와 루앙프라방에서 다시 만난 것이다. 무앙쿠아 근처에서 자전거 앞바퀴 스포크(바큇살) 하나가 부러지는 바람에 더는 장거리 주행이 어려워져, 버스를 타고 우돔싸이를 거쳐 하루 먼저 이곳에 도착해 휴식을 취하고 있었다.

나는 닭볶음밥을, 샌더는 오리볶음국수를 먹으며 앞으로의 태국 여행 경로에 대해 이야기를 나눴다. 그 과정에서 매홍손 루프(Mae Hong Son Loop)에 대해 처음 들었는데, 샌더가 코무트(Komoot) 앱에서 확인한 정보에 따르면 총거리는 약 661km, 누적 획득 고도는 무려 12,880m에 달한다고 했다. 경치로 유명한 베트남 하장 루프의 최장 거리와 누적 획득 고도가 각각 약 350km와 7,500m라는 점, 그리고 구례 천은사에서 성삼재까지 8.6km 구간의 고도 차이가 1,200m에 이른다는 점을 고려하면, 매홍손 루프는 실로 험준한 도전임이 분명했다. 그런 코스를 여행할 계획이라는 샌더의 말에 심방세동으로 인해 심장에 무리를 줄 수 있는 강도 높은 라이딩을 포기한 내 입장에서는 부러울 수밖에 없었다. 지금의 내 몸 상태로는 감히 넘볼 수 없는 세계였다.

샌더가 나보다 먼저 식사를 마치고는 배가 덜 찼다며, 나도 추가로 주문할 생각이 있는지 물었다. 결국 나는 닭볶음국수를, 샌더는 오리볶음국수를 한 그릇 더 시켰다. 자전거 여행자는 늘 허기진 법이라더니, 식사 중 국수를 두 그릇이나 먹은 건 나도 처음이었다. 다시 만난 기념으로 식사비는 내가 계산했다. 박사 학위 취득 후 곧바로 여행을 시작한 백수를 위한 배려라고 생각하며.

식사를 마친 뒤, 식당 밖에 세워 둔 샌더의 자전거를 살펴보았다. 부러진 스포크 대신 임시로 끼워 넣은 스포크는 길이가 맞지 않아 한쪽이 휘어 구부러져 있었다. 프레임 가방 안에는 취사도구가 가지런히 담겨 있었고, 물병 거치대 하나에는 음식 조리용 가스통이 꽂혀 있었다. 2년 동안 세계 각지를 자전거로 누비고 있는 여행 고수의 실용적인 면모가 자전거 곳곳에 고스란히 배어 있었다.

이른 새벽부터 움직였던 탓인지, 점심을 먹고 난 뒤엔 피로가 몰려와 숙소에서 한참 쉬었다. 햇살이 누그러지고 선선한 바람이 다시 불어올 무렵, 푸시산 일몰을 보러 밖으로 나섰다.

그때, 숙소 앞에 처음 보는 여행용 자전거 한 대가 눈에 띄었다. 매니저 곤(Gon)에게 물어보니 한국인이 막 체크인했다고 했다. 반가운 마음에 조심스레 문을 두드리자, 햇볕에 얼굴이 검게 그을린 청년이 문을 열었다. 전주 출신의 이 군이었다.

서로 반갑게 인사를 나눈 뒤, 자연스레 여행 이야기가 이어졌다. 작년 7월, 인도네시아 발리에서 자전거 여행을 시작한 그는 태국을 거쳐 루앙프라방에 도착했다고 했다. 얘기를 나누다 보니, 내가 머물렀던 농키하우에서도 묵었었고, 무앙응오이로 향하던 길에서 나를 멀리서 본 기억도 있다고 했다.

내가 가려던 경로를 이미 지나온 이 군에게 궁금했던 점을 물고, 유용한 정보도 여럿 들을 수 있었다. 낯선 도시에서 우연히 마주친 동행이 이토록 반가울 줄이야.

이 군은 루앙프라방에 이틀 더 머물 계획이라고 했다. 여행 이야기는 잠시 미뤄 두고, 우리는 함께 푸시산의 일몰을 보기로 했다. 야시장 옆 골목에서 입구를 찾아 올랐는데, 생각보다 길이 짧고 경사도 완만해서 발걸음이 가벼웠다. 중턱의 매표소에서 3만 킵(1,920원)을 내고 입장권을 샀다. 부담 없는 가격이었다.

법당과 '부처님의 발'을 지나 정상에 오르니, 전망대는 이미 일몰을 기다리는 여행객들로 붐볐다. 일몰을 기다리는 사람들의 표정에는 고흐의 〈정오의 휴식〉과 같은 평온과 하루를 조용히 마무리하는 여유로움이 묻어 있었다.

시간이 흐를수록 많은 인파로 인해 풍경을 즐기기는 어려웠다. 우리는 사진 몇 장만 남긴 뒤 뒤편으로 발길을 돌렸고, 그곳에서 내려다본 루앙프라방은 유유히 흐르는 강가에 수채화처럼 번진 유채색 도시였다. 일몰을 앞둔 강변 풍경보다 더 깊숙이 마음에 새겨졌다.

야시장 쪽으로 내려와 비프스테이크로 오랜만에 푸짐한 저녁 식사를 했다. 어제는 북적이는 야시장 분위기를 혼자서 감당할 수 없어, 결국 볶음국수 한 그릇을 사 들고 숙소에서 조용히 끼니를 때웠었다. 하지만 오늘은 동행이 있어 그 활기찬 풍경 속에 자연스레 녹아들 수 있었다.

식사 후에는 야시장 광장 앞 거리에서 열린 노천시장을 둘러보았다. 현란한 무늬의 수공예 매트와 스카프, 알록달록한 천 가방, 장식용 인형 등 예쁜 소품들로 가득한 상점들이 길 양옆을 수놓고 있었다. 어린 시절을 떠올리게 하는 새총도 있었다.

시장을 둘러보며 작은 손지갑 하나와 그림엽서 한 장을 골랐다. 손지갑은 태국에선 동전이 많아진다는 이 군의 조언을 따른 것이었고, 엽서는 서 있는 스님의 뒷모습을 몽환적인 분위기로 담은 수채화였다. 그림을 그리고 있던 화가에게 엽서 값을 건네며 짧은 인사도 나눴다. 라오스 여행의 기념으로 마그네틱도 하나 챙겼다.

시장에는 쇼핑을 좋아하는 야야가 눈을 반짝였을 만한 물건들이 참 많았다. 마음에 드는 것마다 바구니에 담는 딸 그리고 그 옆에서 "집에 비슷한 거 있잖아!"라며 연신 제지하는 아내의 모습이 눈앞에 그려졌다. 셋이 나란히 이 거리를 걷는 상상을 하며, 천천히 발걸음을 옮겼다.

숙소에 돌아오니 나보다 연배가 지긋하신 김 선생님이 로비에 앉아 계셨다. 자연스럽게 셋이 모여 앉아, 각자의 여정과 여행 경험담을 나눴다. 김 선생님은 스쿠터를 이용한 동남아 자전거 여행의 장점과 노하우를 상세히 알려 주셨고, 이 군은 자신이 거쳐 온 인도네시아와 말레이시아에서의 에피소드를 풀어 놓았다. 그렇게 출신도 나이도 다른 세 여행자는 루앙프라방이라는 접점에서 저마다의 이야기들을 꺼내 놓았다.

여행이란 결국, 풍경을 건너 사람을 만나는 일이라는 걸 다시금 느꼈다. 오늘은 물건도 사고, 새로운 사람도 만나고, 낯선 풍경도 마음에 담은, 여러모로 꽉 찬 하루였다. 그렇게 여행의 묘미를 곱씹는 사이, 여행 열세 번째 밤이 조용히 깊어 갔다.

꽝씨폭포 그리고 야시장 만찬

아침 6시 반, 또다시 시장으로 향했다. 이틀 연속 새벽 시장에 출근하다 보니 '1일 1시장'이란 말이 절로 떠올랐다. 골목을 빠져나오자, 푸시산 정상의 조명이 어둠을 뚫고 하늘을 희미하게 물들이고 있었다.

야시장 사거리에는 방금 끝난 탁발 의식의 흔적이 고스란히 남아 있었다. 작은 플라스틱 의자들이 단정하게 줄지어 있었고, 몇몇 스님들은 관광객 대신 현지 주민들 앞에서 조용히 탁발을 이어 가고 계셨다. 어제보다 스님의 수가 적어 보였지만, 그 차분한 풍경은 오히려 더 깊은 여운을 남겼다.

시장 골목은 어제처럼 상인들과 관광객으로 붐볐다. 안쪽 식당에 자리를 잡고 까오삐약을 주문했는데, 뜻밖에도 흰죽이 나왔다. 사실, 기회가 되면 한번 먹어 보고 싶던 라오스식 죽이었지만 어디서 파는지 몰라 포기했던 참이었다. 그런데 그 죽이 내 앞에 삶은 계란을 얹고 따끈하게 놓인 것이다. 첫 숟갈을 떠 넣는 순간, 집에서 먹던 소박한 쌀죽 맛이 떠올랐다. 낯설지만 익숙한 맛. 속을 편안히 데워 주는 좋은 아침 식사였다. 가격은 2만 5천 킵(1,600원)이었다.

식사를 마치고 다시 시장을 둘러보았다. 어제 눈여겨봤던 오렌지주스 한 병이 눈에 띄었다. 가격은 3만 킵(1,920원). 죽보다 더 비싼 가격이라 잠시 망설였지만, 이미 손에 쥔 김에 그대로 계산했다. 양말까지 모두 세탁을 맡긴 탓에 혹시라도 슬리퍼 대신 운동화를 신을 일이 있을까 봐 옷 가게에서 양말 한 켤레를 만 킵(640원)에 구입했다. 팬티도 필요했지만, 급한 것은 아니어서 일단 눈도장만 찍어 두었다.

좌판 위의 채소들은 모두 싱싱해 보였다. 냉장 보관이 어려운 현지 사정 탓인지, 라오스 사람들은 이른 아침 시장에서 채소를 사서 곧바로 요리한다는 이야기가 문득 떠올랐다. 시장을 걷다 눈에 익은 형상이 눈에 띄었다. 가까이 다가가니 다듬어진 개구리였다. 식용으로 준비된 듯한 그 모습에, 이곳 사람들은 과연 개구리 요리를 얼마나 즐기는지 궁금해졌다. 그 옆에는 큼직한 메기가 놓여 있었고, 이어진 진열대엔 예사롭지 않은 모습의 버섯도 있었다. 우리나라에서 약용으로 귀하게 여기는 종류와 비슷해 보였지만, 확인할 길도, 요리할 방법도 없어 눈으로만 감상했다.

어제부터 눈길을 끌던 군고구마도 하나 샀다. 반으로 갈라 맛을 보니, 익숙한 고구마 맛과 크게 다르진 않았지만, 속살은 선명한 노란빛이었다. 가격은 하나에 만 킵(640원)이었다. 그 옆에서는 옥수수를 굽고 있었고, 다시 그 옆에선 생선 굽는 냄새가 솔솔 풍겼다. 그에 질세라 바나나도 익어 가고 있었다. 아침 골목엔 고소한 향이 겹겹이 퍼졌다.

숙소에 돌아와 잠시 쉬고 있는데, 랑이 세탁물을 가져다주었다. 무게를 재 보니 3kg, 비용은 12만 킵(7,680원)이었다.

옷가지를 정리한 뒤에는 자전거를 끌고 다시 밖으로 나섰다. 어제 푸시산에서 내려다보며 눈에 담았던 남캉(Nam Khang)강 다리가 자꾸 마음에 남아서였다. 그 다리는 루앙프라방에 처음 들어설 때 건넜던 다리이기도 하다. 구글 지도를 따라 도착한 곳은 엉뚱한 다리였지만, 덕분에 루앙프라방의 낯선 골목과 풍경을 한 겹 더 들여다볼 수 있었다. 얼마 지나지 않아, 마침내 찾던 그 다리가 눈에 들어왔다. 양방향으로 오토바이까지만 다닐 수 있는, 바닥이 나무로 된 투박한 다리다. 작고 낡았지만, 이 도시의 가장자리를 은근히 잇고 있는 다정한 연결선처럼 느껴졌다.

오전 11시 30분에 꽝씨폭포로 향하는 미니밴이 숙소로 올 예정이었다. 점심 식사 시간이 애매해 숙소 식당에 있던 바나나와 귤 몇 개를 챙긴 뒤, 이 군과 함께 샌드위치를 사러 나갔다. 하지만 식자재가 떨어졌는지 샌드위치는 팔지 않았고, 대신 바게트 하나를 사서 여러 조각으로 나눴다.

제 시각에 도착한 미니밴은 루앙프라방을 빠져나가기 전 여러 숙소를 돌며 손님을 태웠고, 어느새 만석이 되었다. 운전기사는 마지막 승객을 기다리는 동안 각자에게 입장료 6만 킵(3,840원)을 걷었지만, 입장권을 따로 나눠 주지는 않았다.

꽝씨폭포까지는 약 30km 거리로, 50분가량 걸렸다. 내 옆에 앉은 외국인 남녀는 목적지에 도착할 때까지 끊임없이 이야기를 나누었다. 안타깝게도 그들의 대화가 영어라는 것 외에는 알아들을 수 있는 말이 없었다. 틈나는 대로 영어 듣기 공부에 집중해 온 터라 실망스럽기도 했지만, 제대로 들을 수 있을 때까지는 더 큰 노력이 필요한 것을 느끼게 된 것이니 소득이 영 없었던 것은 아니었다.

내가 탄 차량은 입장권 판매소를 그대로 지나쳐 폭포 입구 바로 앞 주차장까지 올라갔지만, 20여 분 먼저 출발했던 이 군의 차량은 입장권을 구매한 뒤 전기차로 갈아타야 해서 오히려 더 늦게 도착했다. 입구에서 다시 만난 이 군과 함께 폭포를 향해 걸음을 옮겼다.

여행 앱 트리플에 따르면, 꽝씨폭포에는 사슴이 뿔로 땅을 파낸 자리에서 물이 솟아나 폭포가 되었다는 전설이 전해진다. 계단처럼 층층이 형성된 바위 절벽 위로 흘러내리는 폭포수는 장관을 이루며, 루앙프라방에서 순수한 자연을 만날 수 있는 명소로 많은 여행객의 사랑을 받고 있다. 인근에는 야생 곰 20여 마리를 보호 중인 센터도 운영되고 있다.

QR코드로 연결되는 여행 안내서에는 더욱 구체적인 정보가 담겨 있었다. 꽝씨폭포는 해발 460~560m 높이에 자리 잡고 있으며,

총 6개의 층으로 구성되어 있고, 폭은 35m, 낙차는 71m에 달한다. 참고로 '꽝(Kuang)'은 황금 사슴, '씨(Si)'는 '땅을 파다'라는 뜻으로, 전설과 지명의 의미가 자연스럽게 맞물리는 셈이다.

폭포로 가는 길은 큰 열대 나무들이 줄지어 만든 그늘 길이어서 선선했다. 조금 올라가니 꽝씨폭포가 모습을 드러냈는데, 생각보다 커 보였다. 지금이 건기인 점을 생각하면, 우기에는 물살이 훨씬 거세져 폭포의 위용이 더욱 대단할 것 같았다.

폭포 왼쪽에 있는 철재 계단길을 이용하여 폭포 상부로 올라갔다. 꽤 가팔라서 나이 드신 분들은 한번에 올라가기 어려울 정도였다. 정상 부근에 올라서니 짚라인이 설치되어 있었고, 옆으로 난 길을 따라 폭포 상부에 도착했다.

상부를 둘러본 뒤 내려올 때는 철제 계단이 아닌 흙길을 택했는데, 앞서가던 한 여성은 신발 바닥이 미끄러운지 옆에 있는 나무를 붙잡고 거의 엉금엉금 기어가듯이 내려가고 있었다. 오를 때도 그 경사가 만만치 않아 보여, 노약자라면 철제 계단을 이용하는 편이 더 안전했다. 폭포 상하부를 한 바퀴 도는 데는 약 30분이 걸렸다. 2시간의 관광 시간 중 남은 시간은 폭포 앞에 머무르며 여유롭게 풍경을 감상했다.

굳이 평하자면, '루앙프라방에 왔다면 한 번쯤 들러 볼 만한 곳' 정도. 강렬한 감동을 일으킬 만큼 인상적인 곳은 아니지만, 여정에 여유가 있다면 충분히 추천할 수 있는 장소였다.

숙소로 돌아와 샤워를 마치고 잠시 휴식을 취한 뒤, 오후 5시 30분에 이 군과 함께 야시장으로 나가 샌더를 만났다. 저녁 식사 메뉴로 나와 이 군은 포크 스테이크를, 샌더는 케밥을 선택했다.

식사 중 각자의 여행 코스를 공유하다 보니 유익한 정보가 오갔다. 자전거 수리가 시급한 샌더는 치앙라이(Chiang Rai)에 있는 자전거 수리점 정보를 찾고 있었고, 나는 루앙프라방에서 치앙마이(Chaing Mai)까지의 자전거 경로가 필요했다. 마침 이 군은 그 구간을 이미 달려왔기에, 그의 경험은 내게 그대로 활용할 수 있는 귀중한 자료가 되었다. 수리점 관련 정보는 샌더와 이 군이 직접 주고받았다.

여행 이야기로 주제가 자연스럽게 옮겨 가면서, 샌더는 2년 동안의 자전거 여행 중 가장 인상 깊었던 경험을 들려주었다. 해발 4,000m가 넘는 페루 고지대를 내려오던 어느 날, 해가 지고 비까지 쏟아지기 시작했지만 마땅한 숙소는 없었다. 간신히 발견한 집 마당에 캠핑을 청했으나 거절당했고, 그는 다시 짐을 싣고 비 내리는 고갯길을 내려와야 했다. 다행히 외딴집 하나를 더 찾게 되었고, 그 집 앞에서 캠핑을 부탁하자 주인은 흔쾌히 허락했다. 얼마 지나지 않아 주인의 아내가 나와, 밖에서 자기에는 너무 추운 날씨라며 그를 집 안으로 불러들였다. 그렇게 그는 고단한 여정 끝에 잊지 못할 페루의 따스한 인연을 품게 되었다.

샌더가 직접 제작한 남미 여행 영상은 이야기의 구성이나 화면의 완성도 면에서 웬만한 다큐멘터리와 견주어도 손색이 없었다.

그 장면들 속에서, 낯선 이방인에게 따뜻한 온기를 내어 준 주인공들과 다시 마주할 수 있었다.

한참 이야기를 나누는 사이에 수시로 현지 꼬맹이들이 바나나를 팔러 다녔고, 샌더는 그중 한 소녀에게 바나나는 받지 않고 잔돈을 건네주었는데, 결코 동냥한다는 느낌은 받을 수 없었다. 시간이 지남에 따라 두 사람이 마신 맥주병의 숫자는 늘어났고, 우리나라 자전거 국토 종주 경험도 있는 샌더가 나중에는 소주도 한 병 사서 왔다. 술과 담배를 모두 끊은 나는 대화에만 집중하다, 안줏거리 삼아 소시지를 사 오기도 했다.

내일 슬로우 보트로 팍벵(Pak Beng)으로 떠나는 샌더와는 치앙마이에서 다시 만나기로 했지만, 한동안 헤어진다고 생각하니 자리를 쉽게 파하기가 싫었다. 그러는 사이에 야시장 광장의 대형 TV에서는 베트남과 태국의 미쓰비시컵 결승전이 생중계되고 있었고, 우리는 15분이라는 천문학적인 연장전 추가 시간까지 끝난 후, 베트남의 승리로 확정된 시각까지도 이야기를 나누었다. 7개월째 혼자 여행 중이던 이 군도 오랜만의 만남이 반가웠는지, 식사 내내 밝은 얼굴이었다.

다른 테이블을 정리한 종업원들이 슬쩍 눈치를 주며 우리 자리를 치울 타이밍을 엿보고 있었다. 샌더 역시 내일 아침 8시 슬로우 보트를 타고 떠나야 했기에, 아쉬움을 뒤로하고 그쯤에서 자리를 정리하기로 했다. 무려 다섯 시간을 한자리에서 떠들어 댄 셈이었다.

헤어지며 샌더는 이 군과 나를 번갈아 꼭 안아 주었고, 내게는 장난스럽게 미남이라는 말까지 던졌다. 나와 샌더는 24살 차이, 이 군과는 16살 차이가 났지만, 세대의 간극은 전혀 느껴지지 않았다. 그 자리는 오롯이 자전거 여행자들만의 언어로 이어지는 대화의 시간이었고, 아마도 이번 여행에서 가장 기억에 남을 순간이 될 것이다.

시원한 폭포와 깊이 있는 대화가 어우러진, 여행과 인생을 함께 이야기했던 멋진 하루였다.

느린 하루

어젯밤, 야시장에서 샌더, 이 군과 함께 늦도록 이야기를 나눴더니 오랜만에 늦잠을 잤다. 평소보다 한참 늦은 7시가 넘은 시각, 조용히 숙소 문을 나섰다.

시장으로 가는 길에 먼저 현금을 인출했다. 새벽 시장의 노점은 여전히 현금 거래가 기본이니, 손에 쥔 지폐가 든든했다. 여행 경비는 평소처럼 '세이브트립(Save Trip)' 앱에 꼼꼼히 기록해 두고 있다.

탁발이 끝난 사거리는 인적이 드물었고, 시장 골목도 한산했다. 새벽의 분주함은 사라지고, 남아 있는 건 아침 상인들의 뒷정리를 거드는 분주한 손들뿐이었다. 어제 식사를 한 식당에 앉아 까오삐약 까이(닭칼국수)를 시켰다. 양은 다소 적었고 간도 조금 셌지만, 따뜻한 국물 한 숟갈에 피로가 풀렸다. 다만 어제의 닭죽이 2만 5천 킵(1,600원)이었는데, 오늘은 5만 킵(3,200원)이라 조금 놀랐다. 같은 닭인데, 두 배는 좀 과하지 않나.

과일 노점에서 랑삿(용안)을 1kg 넘게 담아 6만 킵(3,840원)에 샀다. 이쯤 되면 '1일 1시장'에 이어 1일 시리즈가 또 하나 추가된 셈이었다. '1일 1랑샷'. 여주인은 돈을 받자마자 과일들을 툭툭 치며 무언가를 중얼거렸다. 장사가 잘되길 바라는 주문일까, 혹은 복이 깃들라는 인사일까. 그 모습이 인상 깊어 동영상으로 남기고 싶다고 했더니, 선뜻 재현해 주었다. 뜻밖의 선물이었다.

시장 골목 구경은 계속되었다. 메콩강에서 잡힌 듯한 커다란 물고기들, 돼지 껍데기를 닮은 버팔로 껍질 그리고 오랜만에 마주한 생선구이 한 조각은 한 끼 식사로 충분할 만큼 컸다. 이곳에서 손두부를 볼 줄은 몰랐다. 어제 미뤄 둔 사과 1kg와 함께 캐슈너트도 작은 봉지로 샀다. 시장을 빠져나와 야시장 광장을 지날 때는 어젯밤 셋이서 늦도록 함께 보낸 장면들이 떠오르기도 했다. 샌더는 잘 가고 있나?

지난 금요일에 도착했으니 주말을 지나 처음으로 맞는 루앙프라방의 평일이다. 매일 지나던 골목 어귀, 시멘트 운동장에서 조회가 한창이었다. 줄지어 선 학생들은 교장 선생님의 말씀이 빨리 끝나기만을 기다리고 있는 듯했다(이건 국적에 상관없이 똑같은 것 같다). 교문은 지각생을 가로막은 채 닫혀 있었고, 양쪽으로 놓인 두 채의 건물이 학교 전부였다.

학교 정문 앞엔 작은 노점이 하나 있었다. 처음엔 무엇을 하는 곳인지 몰랐는데, 오늘 우연히 시계를 고치고 있는 아저씨의 모습을 보고서야 수리점인 것을 알게 되었다. 그렇게 또 하나의 루앙프라방의 일상이 나에게 다가왔다.

숙소 앞마당에서 이 군이 자전거를 닦고 있었다. 나도 덩달아 물을 끼얹고 먼지를 닦아 내며, 여기까지 함께하느라 고생한 나그네에게 고마움을 표했다.

매니저 곤에게 그간의 숙박비와 꽝씨폭포 투어 비용을 문의하니 달러로 제시했다. 환율은 1달러에 2만 2천 킵(1,407원)이었다. 이 군의 조언을 받아 근처 보석상에 가 보니 곤이 제시한 환율보다 높지 않아 그냥 달러로 지불했다.

정오가 가까워질 무렵, 국립박물관으로 향했다. 입장료 6만 킵(3,840원)을 내고 들어선 정원은 공원처럼 한적하고 싱그럽게 펼쳐졌다. 마차와 자동차 전시관 옆에는 낡은 주유기와 새로 짓는 건물이 공존하고 있었다. 왕실의 흔적이 고스란히 묻어나는 풍경이었다.

계단으로 올라간 법당에서, 2만 킵(1,280원)을 봉헌하고 삼배를 올렸다. 문 앞에 앉아 있던 안내원 둘이 팁을 요구했지만, 불전으로 마음을 전했으니 그것으로 충분하다고 여겼다. 다른 전시관에도 들러 볼 계획이었지만, 사물함에 짐을 맡기고 나니 어느새 11시 20분. 안내원은 11시 30분부터 1시 30분까지는 점심시간이라 닫는다고 했다. 10분 만에 전시관을 둘러볼 수는 없는 일이어서 발걸음을 돌렸다. 여행에는 늘 다음을 기약하는 것이 있기 마련이다.

숙소로 돌아가는 길, 어느 골목에는 우리나라 군인 티셔츠가 널려 있었다. 이 집에 우리나라 청년들이 묵고 있는가 싶어 반갑기도 했다.

점심은 이 군의 안내로 새벽 시장 안쪽의 중국 뷔페식 식당에서 해결했다. 평소보다 허기가 져 밥을 더 달라고 했는데, 추가 요금은 없었다. 식사는 8만 킵(5,120원). 맛은 있었지만, 가격을 생각하면 한 번의 식사로 족했다.

오후의 시장 골목은 한산해져, 아침 내내 북적였던 곳이 맞나 싶었다. 남자 청소부가 작은 리어카를 끌며, 아침의 흔적들을 조용히 쓸어 내고 있었다. 하루를 마무리한 시장은 다음 새벽을 위해 조용히 숨을 고르고 있었다.

방에서 랑샷과 사과, 캐슈너트 봉지를 들고 나와, 랑과 그녀의 언니 레이와 함께 나눠 먹었다. 낯선 곳에서의 나눔은 말보다 서로를 더 가깝게 한다.

저녁은 아내도 추천했었던 신닷(Sindat) 맛집에서 먹었다. 지난 금요일엔 혼자라 망설였던 식당이었지만, 오늘은 이 군과 함께라 들어서는 발걸음이 한결 가벼웠다. 신닷은 라오스식 삼겹살 구이에 샤브샤브가 더해진 독특한 음식으로, 중앙은 고기를 굽고, 주변 홈에는 육수를 부어 채소를 익힌다. 고기 육즙이 국물에 섞이며 만들어 내는 풍미가 꽤 깊었다. 기원에 대해서는 여러 설이 있고, 그중 한 가지는 베트남전 시절 한국 군인들이 철모에 고기를 구워 먹는 모습에서 유래했다는 이야기였다. 아무래도 정확한 역사적 근거가 부족한 것 같다.

우리는 무려 네 접시를 비웠다. 이 군은 태국에서도 신닷 식당을 많이 봤었지만 혼자 들어가기 망설였다고 했다. 내가 함께한 덕분에 신닷 요리를 실컷 먹을 수 있었다며 식사비도 기꺼이 계산했다. 둘이 배불리 먹고도 32만 킵(20,480원)이었다.

 숙소로 돌아와 김 선생님 부부, 유 선생님 부부와 인사를 나눈 뒤, 자연스럽게 여행 이야기가 이어졌다. 김 선생님은 지난번 동남아 스쿠터 여행에 이어 미국 캠핑 여행의 이야기보따리를 푸셨고, 유 선생님은 내가 갈 치앙마이의 생활 정보를 아낌없이 베푸셨다. 여행의 중심은 역시 사람에게서 비롯된다는 걸 다시금 느끼게 한 시간이었다.

 루앙프라방에서의 네 번째 날은 그렇게 잔잔하게 마무리되고 있었다.

이별 그리고 이별 준비

 아침 8시 반, 김 선생님 부부께서 먼저 중국으로 떠나셨고, 이어 이 군도 비엔티안으로 떠날 채비를 했다. 숙소 앞에서 보내는 것이 섭섭하기도 해서 나그네와 함께 시내 외곽까지 배웅하기로 했다.

 이 군처럼 수개월 이상 장거리 여행을 하는 사람들은 자전거에 많은 짐을 싣고 다닌다. 일상생활 용품과 의약품은 물론, 마땅한 숙소가 없을 경우 등을 대비해서 야영 장비까지 갖추고 다닌다. 대부분의 장거리 여행자들은 리어랙(뒤쪽 짐받이)뿐 아니라 프론트 랙(앞쪽 짐받이)에도 짐을 싣는다. 이렇게 하면 짐의 무게가 보통 30kg을 넘기 때문에 자전거는 튼튼해야 한다. 여행용 자전거의 몸체 재질은 가벼움보다는 충격에 강한 소재를 사용하고, 바퀴를 지탱하는 스포크의 개수도 일반 자전거보다 많다. 야영 장비까지 갖추고 여행한 경험이 없어서 내 자전거에는 앞쪽 짐받이가 설치되어 있지 않다. 앞뒤로 짐을 잔뜩 싣고 달리는 자전거 여행자의 모습은 여러 번 봤지만, 짐을 꾸리는 장면을 바로 옆에서 본 건 오늘이 처음이었다. 짐 하나하나에는 이 군의 여행이 고스란히 담겨 있는 듯했다.

2010년에 처음 산악자전거를 샀고, 이후 철인 3종 경기를 준비하면서 본격적으로 자전거를 타기 시작했다. 대회를 준비하며 안민고개를 비롯한 창원 근교뿐 아니라 성삼재, 정령치, 오도재, 지안재 등 지리산과 영남알프스 일대의 고개를 오르다 보니 자연스럽게 자전거 여행에도 관심을 가지게 되었다. 그 결과, 2019년 4월, 스위스 취리히에서 첫 자전거 여행을 시작하게 되었다. 여행 준비를 하며 나보다 먼저 세계 각지를 둘러본 사람들의 글을 참고하다 보니 약간의 편견이 생기기도 했다. 자전거 세계 여행에 나선 사람 중에는 출발 전 자전거 경험이 국토 종주나 제주도 일주 수준이거나, 그전에는 자전거와 거의 무관한 삶을 살았던 경우가 많았다. 그래서 여행을 떠나기 전, 자전거를 너무 쉽게 생각하는 사람들을 보며 내심 걱정했던 것도 사실이다. 그만큼 자전거를 안전하고 제대로 타려면 알아야 할 것도 많고, 경험해야 할 것도 많기 때문이다. 그중 하나가 동행 라이딩 때 앞선 사람이 뒷사람에게 보내는 수신호다.

여행 전에 해양업에 종사했던 이 군 역시 자전거 초보였기에, 여행하면서 자전거에 대한 경험과 지식을 직접 쌓아 가고 있으리라 짐작했다. 숙소 골목길을 벗어나 큰길에 접어들었을 때 앞서가던 이 군이 오른손을 들어 방향을 표시하는 모습을 볼 때만 하더라도 사회 경험이 풍부한 만큼 그 정도는 충분히 할 수 있으리라 생각했다. 그러나 이후 도로가 파였거나 주의가 필요한 구간에서도 내가 알기 쉽도록 적절한 수신호를 보내는 모습을 보니, 장비뿐 아니라 안전에 대해서도 제대로 준비했다는 것을 알 수 있었다.

여느 도시와 마찬가지로 루앙프라방의 아침 역시 차와 오토바이로 교통 체증을 빚고 있었다. 도심을 벗어나자 차량이 줄어들었고, 비엔티안으로 향해 달린 루앙프라방 남쪽 지역의 마을도 지나온 북쪽 마을과 마찬가지로 조용하고 평화로웠다.

한 번씩 이 군을 앞질러 가서 주행 장면을 카메라에 담기도 했는데, 빈 몸으로 자전거를 타고 가는데도 짐을 잔뜩 실은 이 군의 속도를 따라잡기 힘들 정도였다. 몇 달간의 장거리 주행을 통하여 자연스럽게 군살이 빠지고 다리 근력과 함께 심폐력도 좋아진 덕분인 것 같았다.

10km 부근의 고갯마루에서 동행 라이딩을 멈췄다. 며칠 만에 제대로 자전거를 타며 땀을 흘리니 기분이 상쾌했다. 자전거 장비에 관해 이야기를 나누다, 출발 전에는 미처 발견하지 못했던 안장 밑에 달린 도난 방지 장치도 구경했다. 혼자 여행하다 보면 화장실이나 슈퍼 등에서 자전거를 두고 볼일을 봐야 하는데, 지켜봐줄 동행이 없어 늘 불안하다. 예전부터 나도 그런 장치가 필요했기 때문에 눈여겨봐 두었다.

땀이 식을 무렵, 먼 길을 떠나야 하는 이 군과 아쉬운 작별 인사를 나눴다. 이 군이 멀어지는 뒷모습을 바라보자 마음 한구석에 아쉬움이 차올랐다. 루앙프라방에서의 시간을 덜 외롭게 만들어 준 이 군에게 행복하고 안전한 여행이 늘 함께하길 기원했다.

숙소에 돌아오니 낭과 게이가 식사를 준비하고 있었다. 바게트로 때운 점심이 부실했었는데 잘됐다 싶었다. 말은 통하지 않았지만 손짓으로 함께 먹고 싶다고 전하니, 미소와 함께 나를 맞아 주었다. 찰밥은 손으로, 계란찜은 숟가락으로, 풀잎 무침은 손가락으로 먹는 루앙프라방의 소박한 밥상. 감사의 마음으로 식사 후에 자매에게 음료수를 건넸다. 여행에서 느낄 수 있는 따스한 시간이었다.

푸시산 정상은 루앙프라방에서의 기억을 정리하기에 더없이 좋은 장소였다. 정상으로 오르는 길 위에서 바라본 전경은 오래도록 기억에 남을 듯했다. 한산한 정상에 앉아 두 시간 동안 조용히 루앙프라방에서의 시간을 글로 정리했다. 탁발의 아침, 북적이는 새벽시장, 짧지만 즐겁고 유익했던 사람들과의 만남까지, 기억할 것이 너무 많아 마음이 벅차올랐다.
사람들로 북적이기 시작할 무렵, 메콩강과 어우러진 루앙프라방의 마지막 노을을 뒤로 하고 푸시산을 내려왔다. 숙소로 돌아가는 길에 야시장을 지나다가 닭고기 케밥 하나를 사 먹었다. 케밥을 좋아했던 샌더가 떠올랐다.

남은 저녁 시간은 따뜻한 유 선생님 부부와 함께했다. 이곳에 도착했을 때만 해도 그저 스쳐 가는 인연인 줄 알았는데, 불과 며칠 사이에 서로의 아픔까지도 나눌 수 있는 진솔한 사이가 되었다. 아마도 가식 없이 주고받은 진심이 서로의 마음을 이어 주는 다리가 되었던 것이 아닐까. 일상의 수많은 가식과 편견 그리고 눈치에서 벗어나 오직 '여행'이라는 이름으로 만난 자유로운 인연이었다. 이별로 시작한 하루를 좋은 분들과 따뜻하게 마무리할 수 있어 행복했다.

조용하지만 마음 깊이 머무는 밤이었다.

컵짜이, 루앙프라방

아침에 일어나 사과 한 알을 먹고, 남은 하나는 거실 바닥에 잠든 쑤진의 머리맡에 살며시 두었다(아쉽게도 쑤진은 아침 일찍 학교에 가는 바람에 작별 인사를 나누지 못했다). 마당에 나와 우두커니 서서, 나란히 줄지은 방문을 바라보았다.

'저긴 이 군이 머물던 방이었고, 저긴 김 선생님 부부가 계시던 곳이었는데, 이젠 또 다른 누군가가 쉬고 있구나. 내 방도 저녁쯤이면 그렇게 되겠지.'

만남이 있으면, 헤어짐도 있기 마련이다.

대문을 나서자, 골목 어귀에서는 현지 할머니 몇 분이 탁발에 나선 스님들께 음식을 공양하고 있었다. 지금껏 루앙프라방에서 본 탁발 의식 중 가장 많은 스님들이 모여 있었고, 연세 지긋한 스님도 계셨다.

야시장 사거리로 향하는 길에서도 탁발 의식은 계속되었고, 참여한 외국인들의 표정은 진지했다. 사거리 한편에서 한 여학생이 무릎을 꿇고 스님께 공양을 드리는 장면을 사진으로 담았다. 일상에 깊이 스며든 공경심은 한 번쯤 체험해 보려는 호기심과는 분명 달라 보였다. 멀리 푸시산 정상에는 여전히 불빛이 머물러 있었다. 이 또한 이별이었다.

골목 초입의 채소가게 아저씨는 오늘도 뭔가를 다듬으며 분주했다. 그 평범한 모습도, 아마 한 번씩 떠오를 것이다.

평소와는 달리 새벽 시장에서 곧장 돌아가지 않고 메콩강변 쪽으로 걸음을 돌렸다. 첫날, 멍하니 노을을 바라보았던 'T56' 카페에 매달린 빨간 별들은 오늘따라 더 선명하게 빛났다. 선착장에 내려가 보니, 아저씨가 강 건너에서 싣고 온 짐을 어깨에 짊어진 채 하루를 시작하고 있었다. 고단하든 그렇지 않든, 삶은 그런 것일 테니까. 루앙프라방의 아침에는 언제나 조깅하는 사람들이 있었다. 마음먹은 것과 달리, 결국 한 번도 뛰어 보지 못한 채 이곳을 떠나게 되었다.

발길 가는 대로 걷다 보니 초등학교가 나타났다. 이른 시간에 도착한 아이들은 운동장에서 공놀이를 하고 있었고, 오토바이나 차에서 내려 교문으로 들어가는 아이들도 보였다. 학교 주변에는 문방구와 군것질 노점이 자리하고 있었다. 예전에 우리가 그러했듯이. 한인 식당인 '어린 왕자' 방향으로 걷다, 디엔비엔푸 숙소에서 맛보았던 연잎밥(그냥 그렇게 부르기로 했다)을 하나 샀다. 아침 식사를 할 마음은 없어, 나중에 배가 고프면 먹기로 했다. 걷다 보니 아까 지나친 초등학교의 반대편에 다다랐다. 근처에서 도넛을 팔고 있길래, 호기심에 하나 사 먹었다. 한국에서 한 번씩 먹던 익숙한 맛이었는데, 가격은 참 착한 7천 킵(450원)이었다.

사람도, 풍경도, 자꾸 보다 보면 보이지 않던 것들이 눈에 들어오기 시작한다. 첫날, 슬리퍼 가게를 찾다 매니저 곤에게 '다라 마켓'을 소개받았는데, 상점 이름인 줄 알았던 그곳은 사실 시장 전체를 가리키는 말이었다. 알고 보니 환전을 하러 갔던 보석상도 그 안에 있었다.

숙소로 돌아와 낭과 함께 연잎밥을 나눠 먹고는 짐을 챙겼다. 이번 여행에서는 쓸 일 없을 것 같은 우비와 여분의 장갑 그리고 짐을 줄이기 위해 상의 면티 한 장은 빼기로 했다. 체크아웃 시간까지 조금 여유가 있어 몽족 야시장 주변을 다시 걷고, 정오 무렵 방 안의 짐을 거실로 옮겼다. 어제처럼 낭과 게이와 함께 점심을 먹었다. 밥을 조금씩 떼어 민물 김(카이펜, Khaiphean)에 찍어 먹고, 계란찜과 곁들였다. 음식은 소박했지만, 셋이서 웃으며 먹은 점심은 따뜻하고 정겨웠다. 이것 또한 가끔 생각날 것이다.

식사를 마치고 쉬고 있는데, 유 선생님께서 작별이 아쉽다며 함께 식사하러 가자고 하셨다. 이미 식사를 한 상태였지만, 그 마음이 고마워 거절하지 않고 따라나섰다. '어린 왕자'에서 이런저런 이야기를 나누며 이번 여행 처음으로 김치찌개를 먹었다. 함께 나온 민물 김 튀김도 맛있었다. 유 선생님 부부 덕분에 루앙프라방에서의 시간은 더 깊고 따뜻했다.

오후 3시 반, 툭툭이가 나를 데리러 오기 전까지 숙소 사람들과 이야기를 나누며 시간을 보냈다. 매니저 곤과는 사진을 남기고, 낭 남매와도 작별 인사를 했다. 숙소 앞에서 자전거를 싣고 툭툭이에 오르자, 유 선생님 부부와 숙소 식구들이 함께 배웅을 나왔다. 가슴 한편이 뻥 뚫린 듯한 허전함이 밀려왔다. 그 짧은 인연들이 왠지 내 안에 오래 머물 것만 같았다.

10km를 달려 외곽에 있는 북부 버스 터미널에 도착했다. 나그네는 이번엔 슬리핑 버스의 지붕 위에 올랐다. 이번 여행을 통해 참 다양한 경험을 하고 있다. 오후 5시 30분을 조금 넘긴 시각, 루앙프라방을 떠나는 슬리핑 버스는 훼이싸이(Huay Xai)를 향해 출발했다.

여행 중 가장 오래 머문 도시, 루앙프라방 그리고 그곳의 사람들.
덕분에 잘 지내다 갑니다.
감사합니다. 컵짜이.
여행의 관점도, 시간이 흐르며 조금씩 변하고 있다.
내 여행의 발걸음은 결국 사람을 향해 가고 있었다.

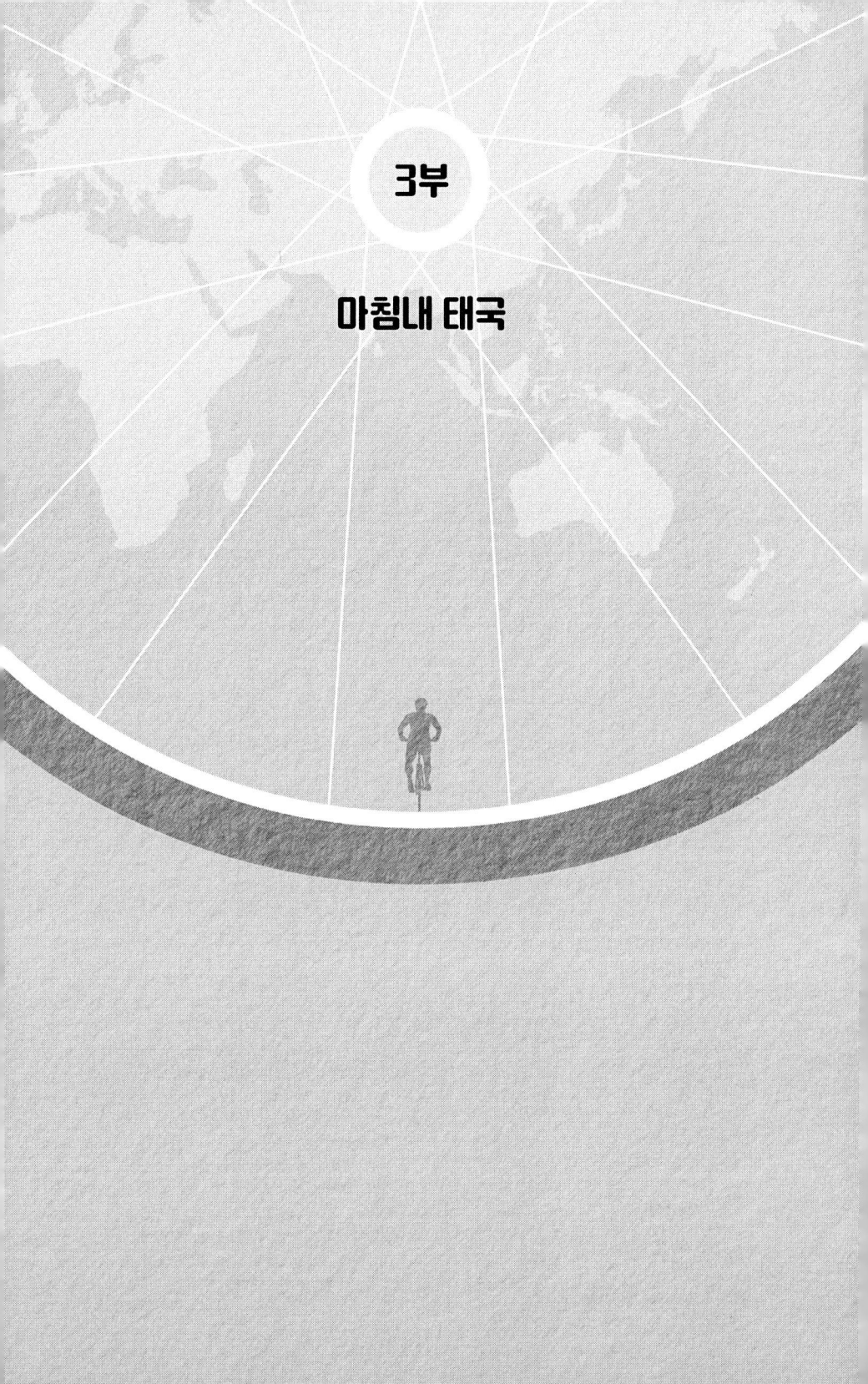

3부

마침내 태국

슬리핑 버스 그리고 태국

　육로와 강 그리고 항공편을 종합적으로 고려해 보면 루앙프라방에서 태국으로 넘어가는 방법은 다섯 가지쯤 된다. 첫 번째는 샌더가 선택한 길이다. 루앙프라방에서 오전 8시에 출발하는 슬로우 보트를 타고 팍벵으로 이동한 뒤, 그곳에서 1박을 하고 다음 날 다시 보트를 타고 훼이싸이에 도착한다. 이후 국경을 넘어 태국 치앙콩(Chiang Khong)에 이른다. 1박 2일 동안 배를 타야 해서 너무 지루할 것 같았다. 둘째는 이 군의 경로인데, 팍벵까지는 자전거로 이동하고, 이후는 샌더와 같은 경로다. 자전거와 배를 번갈아 타야 하는데, 역시 자전거길이 변수였다. 셋째는 오후 5시에 출발하는 슬리핑 버스를 타고 우돔싸이(Oudom Xay) 등 여러 도시를 거쳐 이튿날 아침 훼이싸이에 도착하게 된다. 넷째는 유 선생님 부부가 이용한 방법으로, 비행기로 이동하는 것이다. 마지막 다섯 번째는 미니밴을 대절해 버스와 같은 경로를 따라가는 방법이었는데, 숙소를 통해 확인한 비용이 무려 370달러(52만 원)였다. 항공편도 고민해 봤다. 시간이 단축되는 건 분명 장점이었지만, 자전거 포장과 추가 운임이 부담이었다. 미니밴도 2~30만 원 정도면

적정하다고 생각했으나, 이를 훌쩍 뛰어넘는 금액이어서 마음을 접었다. 결국 비교적 짧은 시간이 소요되고 숙박비도 절약할 수 있는 세 번째 방법을 택했다.

오후 3시 30분경, 숙소 앞으로 픽업 차량인 툭툭이가 도착했고, 10km 정도를 25분간 달려 북부 버스 터미널에 도착했다. 툭툭이, 슬리핑 버스, 자전거 운임을 포함한 요금은 9만 킵(57,500원)이었다. 툭툭이 기사는 표를 끊어 주고, 정차해 있던 훼이싸이행 버스까지 친절히 안내해 주었는데, 터미널로 들어올 때 봤던 현대 버스였다. 익숙한 로고를 만나니 숙소를 떠날 때의 허전함이 조금은 메워지는 것 같았다.

장거리 이동을 앞두고 터미널 내 화장실에 들렀다. 사용료는 5천 킵(320원)이었다. 버스표에는 오후 5시 출발로 적혀 있었지만, 실제로는 5시 30분이 넘어서야 검표원이 문 앞에서 승차를 안내했고, 버스 계단 앞에서 신발을 벗어 미리 지급된 비닐봉지에 담았다. 버스에 오르니 통로를 중심으로 이층 침대가 나란히 놓여 있었다. 좌석 번호 3번이 보이지 않아 그냥 오른쪽 첫 아래 침대 칸에 자리를 잡았다(실제로 좌석 번호는 큰 의미가 없는 듯했다). 통로 쪽에서 자리를 배정하던 안내원이 안쪽으로 들어오라고 손짓했지만, 못 본 척했더니 그 자리가 내 자리가 되어 버렸다. 침대에 누워 보니 길이가 짧아 다리를 완전히 펼 수 없었고, 2인용이라고 하기엔 폭도 좁았다. 블로그에서 읽었던 대로 외국인은 대부분 위층 침대에 배정하고 있었는데, 모두 나보다 덩치가 큰 사람들이라서 잠자리가 너무 불편할 것 같았다. 때론 작은 외면이 큰 행복을 보답하기도 한다.

남쏘우암까지는 옆자리가 비어 있어서 그나마 편안하게 갈 수 있었다. 이어폰으로 애창곡을 들으며, 가끔 덜컹거리는 슬리핑 버스 안에서 일몰을 맞았다. 색다른 경험이 주는 작은 선물인 것 같았다.

훼이싸이까지의 주요 경로는 루앙프라방 - 팍몽 - 우돔싸이 - 나테우이(Nateuy) - 루앙남타(Luang Namtha) - 훼이싸이 순이다. 팍몽까지는 이전에 농키아우에서 루앙프라방으로 이동하면서 이용했던 길이고, 팍몽에서 좌회전하면 우돔싸이 방면이다. 이 구간을 자전거로 이동하는 것도 고려했지만, 길이 험하다는 이 군의 얘기를 듣고 포기한 것이다.

남쏘우암에서 한 청년이 비어 있던 내 옆자리를 채웠다. 처음엔 자는 척하다 함께 하룻밤을 보낼 인연을 무시할 수 없어 인사를 나누었고, 루앙프라방 숙소 식구들이 챙겨 준 귤과 과자를 나눠 먹었다. 저녁 7시쯤엔 이미 어두워져 창밖으로는 아무것도 보이지 않았다. 눈을 감아 보았지만, 잠이 쉽게 오지 않았다. 운전기사는 졸린지 음악을 틀기도 하고, 심지어 차 안에서 담배를 피우기도 했다. 내 옆의 청년은 이런 상황에 익숙한 듯 코를 골며 단잠을 잤다.

블로그에서 읽은 바로는 팍몽을 제외하고는 거의 쉬지 않고 달렸다고 했는데, 내가 탄 버스는 자주 멈춰 섰다. 덕분에 소변에 대한 불안은 덜 수 있었다. 여행을 며칠 앞두고 원인 모를 빈뇨에 시달린 탓에 장거리 이동 중에 갑자기 화장실에 가야 하는 상황이 발생하면 어쩌나 걱정하며 슬리핑 버스를 탔었다.

이튿날 아침 무렵, 훼이싸이까지 약 100km를 남겨 둔 작은 마을에서 버스가 멈췄다. 내려 보니 기사가 버스 밑으로 기어들어가 뭔가를 수리하고 있었다. 시간이 오래 지체되면 어쩌나 걱정했지만, 다행히 30분 만에 다시 출발했다. 전날 오후 5시 30분경에 출발한 버스는 아침 9시 50분경 훼이싸이 버스터미널에 도착했다. 약 16시간 30분이 걸린 셈이다. 버스 지붕에서 나그네를 내리고 국경 사무소를 향해 출발했다. 거리는 약 4km로, 20분이 채 걸리지 않았다.

라오스 국경 사무소에 도착해 심사장을 두리번거리던 중, 환전소를 발견하고는 남은 킵(LAK) 전부를 밧(THB)으로 환전했다. 직원에게 물어 출국 심사장에 들어섰고, 여권을 건넸더니 출국 신고서를 먼저 작성하라고 했다. 다소 어수선하게 라오스 국경을 빠져나왔다. 라오스에서 태국 국경 사무소까지는 차를 타야 했고, 자전거 운임 포함 100밧(4,000원)이었다. 이번 여행에서 지출한 나그네 운임만 해도 보급형 생활 자전거 한 대 값은 족히 될 듯하다. 앞에 소형 초록색 버스가 있어 물어보니, 그 버스가 아니라 태국 방면에서 다른 버스가 올 거라고 했다. 잠시 기다리자, 대형 버스가 도착했다. 태국은 왼쪽 주행이라 버스 탑승 방향도 익숙한 오른쪽이 아니라 왼쪽이었다. 나그네는 짐칸에 실었는데, 늘 해 오던 대로 사진으로 남기려 했지만 허둥대는 바람에 찍지 못했다. 버스는 두 나라의 국경을 가로지르는 우의교를 건너 태국 국경 사무소에 도착했다. 그곳에서도 다소 우왕좌왕했지만, 친절한 직원이 여권에 도장을 찍어 주며 길을 안내해 주었다. 그렇게 나그네와 함께 태국 땅에 발을 디뎠다.

사와디캅(안녕하세요)!

국경 사무소에서 이 군이 추천해 준 숙소까지의 거리는 약 10km였다. 낯선 왼쪽 주행에 적응하며 태국에서의 첫 주행을 시작했다. 길은 듣던 대로 깔끔했고, 갓길도 넓어 라오스나 베트남과는 확연히 달랐다. 이 군이 알려 준 메콩강 자전거길을 달려 숙소에 도착했는데, 우리나라 자전거길 못지않게 정비가 잘 되어 있었다. 2층 객실에서 바라본 풍경은 메콩강 너머로 라오스 훼이싸이가 훤히 보일 만큼 탁 트여 있었다. 샤워를 마친 뒤 근처 식당에서 80밧(3,200원)짜리 볶음밥으로 태국에서의 첫 식사를 했다. 주인 할머니의 손맛이 인상만큼이나 푸근했다. 마을을 둘러보며 간식도 사고, GLN 사용이 제한적이라는 이 군의 조언에 따라 현금도 인출했다. 사원이 곳곳에 있었고, 빨래방도 눈에 띄었다. 도시의 규모나 생활 수준이 베트남이나 라오스보다 높다는 것은 확실했다. 해 질 무렵, 강변으로 나가 유유히 흐르는 메콩강을 조용히 내려다보았다. 저녁은 이 군이 추천한 식당에서 먹으려 했으나 문이 닫혀, 점심을 먹었던 곳에서 볶음국수를 한 그릇 더 먹었다.

슬리핑 버스로 장거리 이동을 한 후, 국경을 넘어 태국 치앙콩에 이르는 1박 2일의 여정이었지만, 피로는 별로 느껴지지 않았다. 시간이 갈수록 몸과 마음이 여행에 익숙해져 가는 것 같았다.

아마득했었는데 어느새 태국이다. 자! 이제는 태국을 달릴 차례다.

태국 첫 도시, 치앙콩의 하루

치앙콩에서는 하루만 머물 계획이었지만, 메콩강 강변의 고요한 풍경과 평온한 분위기가 마음을 사로잡았다. 그동안은 목적지인 치앙마이까지의 이동은 단순한 여행의 과정이라고만 생각해 왔는데, 시간이 지날수록 경유지에서의 한 박자 느린 여유로움도 여행의 묘미를 더해 준다는 것을 알게 되었다.

휴대폰의 나침반 앱으로 확인해 보니, 아침 해는 숙소 정면에서 떠오를 것 같았다. 강변의 일출을 담고 싶어 액션캠을 타임랩스 모드로 켜 두고 산책을 나섰다. 숙소 앞 자전거길을 따라 걷다 잠시 멈춰, 휴대폰으로 베란다의 액션캠을 30배 줌으로 당겨 보았다. 화면 속에는 그 작은 형체가 또렷이 잡혀 있었다. 이제는 더 이상 망원경이 필요 없는 세상인지도 모른다.

근처 선착장에는 고급스러운 배 한 척이 정박해 있었다. 산책 나온 동네 아주머니에게 물으니, 루앙프라방에서 온 배라고 했다.
'루앙프라방에서 저렇게 호화로운 배를 타고 태국까지 오는 사람도 있구나!'

호기심에 배 가까이 다가가 선원에게 물었더니, 그 배는 10일 동안 운행하는 메콩강 크루즈라고 했다. 진작 알았더라면 이번 기회에 나도 크루즈 여행을 해 봤을 텐데. 하지만 예상보다 훨씬 비싼 요금에, 결국 알았더라도 실행에 옮기진 못했을 것이다. 앞서 선상에 있던 노부인과 잠시 이야기를 나누며 정갈하고 여유롭다는 인상을 받았었는데, 이제 보니 그것의 원천은 경제력인 것 같았다.

숙소로 돌아와 토스트와 우유, 바나나로 간단히 아침 식사를 하고 있는데, 주인인 카이 아저씨께서 곧 탁발 의식이 있을 거라고 알려 주셨다. 7시쯤 자전거길을 따라 스님 두 분이 지나갔고, 징 소리 같은 맑은 음이 울리자, 반대편에서도 스님들이 줄지어 걸어왔다. 탁발 의식에 참여하는 투숙객들을 촬영하기 위해 아저씨가 달려 나가실 때 나도 뒤따랐다. 라오스에서 보았던 것과는 달리, 스님들은 음식을 받은 뒤 불경을 짧게 염송하셨다. 그사이 구름 너머에서 해가 천천히 모습을 드러냈다. 아침 공기에 숙연함이 더해졌다.

식사를 마저 마친 후에는 짐 정리를 했다. 전날 묵은 방이 예약되어 있어 1층 방으로 옮겨야 했기 때문이다. 짐을 리셉션에 맡기며 주인아주머니께 내일 치앙센(Chiang Sean) 숙소 예약을 부탁드렸다. 내 유심으로는 전화 연결이 되지 않아 숙소 번호를 드렸더니, 직접 통화하시며 방 종류와 위치까지 확인해 예약을 끝내 주셨다. 그곳에서 숙박비의 절반을 선금으로 요구한다고 하여 아주머니께 현금을 드렸고, 아주머니는 그쪽에서 보내 준 QR코드를 이용하여 송금하셨다. 오랜만에 톱니바퀴처럼 일이 척척 맞물려 돌아가는 느낌이었다. 대수롭지 않아 보이는 숙소 예약마저도 어떨 때는 노심초사해야 하며 원하는 대로 된 것을 확인하는 순간, 뭔가 엄청난 일을 해냈다는 만족감마저 느끼게 하는 것이 여행이다.

숙소 예약도 끝났겠다, 천천히 페달을 밟으며 자전거길을 끝까지 달려 보았다. 중간중간 멈춰 메콩강과 건너편 라오스 훼이싸이를 카메라에 담기도 했다. 4km가량 이어진 자전거길은 통제선으로 막혀 있었고, 앞쪽에선 공사가 진행 중이었다. 자전거길을 연장하는 공사인가 싶어 주변을 둘러보았지만, 공사 안내문은 발견하지 못했다. 대신에 근처 채소밭에서 분무기로 농약을 뿌리고 있는 아저씨의 뒷모습이 내 시선을 사로잡았다.

나는 농촌에서 자랐다. 아버지는 벼농사 대신 목련, 백일홍, 회양목 같은 조경수를 가꾸며 우리 네 남매를 키우셨다. 친구들이 방과 후나 휴일이면 대부분 논밭에서 부모님의 일손을 도울 때, 나는 아버지가 사다 주신 참고서와 문제지로 공부를 했다.
한 그루의 묘목을 제대로 된 조경수로 기르기까지는 생각보다 손이 많이 간다. 수형(樹形)을 다듬기 위해 가지치기를 해야 하고,

알맞은 시기에 거름도 줘야 한다. 어느 정도 자란 나무 주변의 잡초는 농약으로 제거하지만, 묘목 주변은 일일이 손으로 뽑아야 한다. 비가 잦은 한여름날의 풀 뽑기는 모심는 농부의 허리만큼이나 고되다. 팔 수 있을 때까지 몇 해를 그렇게 보내야 한다.

매매 계약이 끝난 나무를 트럭에 실을 때는 일손이 더 많이 필요하다. 나무뿌리 주변을 깊게 판 뒤, 흙덩이가 부서지지 않도록 새끼줄로 단단히 묶는다. 그런 다음 손수레에 몇 그루씩 실어 큰길에서 대기 중인 트럭까지 옮긴다. 아버지가 파시는 나무는 대부분 어른 키만 한 것이었기 때문에, 나무 옮기는 일을 도울 수 있었던 건 중학생이 되고 나서였다.

고등학교 1학년 겨울, 아버지는 하늘나라의 작은 땅에 나무를 키우러 떠나셨다. 일만 그루의 회양목을 한번 가꿔 보고 싶다는 당신의 바람도 함께 간직한 채. 그 뒤로는 엄마가 나무를 가꾸셨고, 아버지 대신에 분무기도 메셔야 했다. 2023년 2월, 엄마는 사랑으로 낳아 사랑으로 키운 자식들을 떠나 아버지 곁으로 가셨다.

아버지! 엄마! 잘 계시죠!

먼 이국땅에서 아버지와 엄마를 안아 드렸다. 아련했지만 왠지 두 분이 위로와 격려를 보내시는 것 같아 마음이 따스했다.

자전거길을 빠져나와 시내를 가로지르는 1020번 도로 건너편으로 향하다, 마침 평점이 괜찮은 식당이 보여 들어갔다. 메뉴를 고민하던 중, 옆자리 아가씨가 먹던 국수가 눈에 띄어 같은 걸 달라고 했더니, 카오소이(Khao Soi)였다. 아가씨는 작년 11월, 서울과 부산을 다녀왔다고 했다. 그녀의 인스타그램에는 송정 해수욕장, 감천문화마을 그리고 해운대 사진이 예쁘게 자리 잡고 있었다.

1020번 도로를 건너가니 조용하고 평범한 동네로 이어졌다. 식당이나 이발소가 가끔 눈에 띄었고, 집의 구조나 형태를 보니 라오스보다는 확실히 살림살이가 나아 보였다. 마을을 지나 다시 1020번 도로에 합류했고, 구글맵에 표기된 'View Point Chiang Khong'에 도착하니, 숙소에서 바라볼 때보다 건너편 훼이싸이가 더 가깝게 느껴졌다. 사진을 찍고 보조 배터리를 꺼내려는데, 등 뒤에 있어야 할 백팩이 없었다.

'헉!'

잠시 쉬었던 곳은 자전거길 공터와 점심 먹었던 식당뿐이었다. 가까운 곳부터 확인하기로 하고, 허겁지겁 2km를 달렸다. 식당에 도착하니 주인아저씨가 마치 기다리고 있었다는 듯 웃으며 백팩을 건네주었다.

"코쿤캅(감사합니다)!"

고마운 마음에 저녁 식사도 하려고 나중에 들렀지만, 식당 문이 닫혀 있었다. 고마움과 함께 맛있는 저녁을 기대했었는데, 아쉬웠다.

백팩을 다시 찾은 기념으로 과일가게에서 포도 1kg을 100밧(4,000원)에 샀다. 사과는 루앙프라방 새벽 시장보다 두 배 이상 비싸서 사질 않았다. 국경 사이의 가격 차가 꽤 컸다. 친절한 주인아주머니가 포도를 씻어 비닐봉지에 담아 주었다. 돌아오는 길에 시장에 잠시 들렀지만, 장은 끝난 뒤였다. 손에 든 포도 봉지 때문에 짐 정리 하는 노점에서 가격을 물어보는 것도 어쩐지 멋쩍었다.

숙소로 돌아와 막 청소를 끝낸 침대에 누웠다. 온종일 페달을 밟으며 몇 개의 고개를 넘고, 마을에서 마을로 옮겨 다니는 날과는 달리, 오늘처럼 여유롭게 동네 마실 다니며 쉬는 하루는 그야말로 신선놀음이었다. 배고프면 먹고, 졸리면 자고.
휴식 또한 여행의 중요한 일부다. 비워야 또 채울 수 있다.

저녁은 숙소 근처 식당에서 볶음밥에 모닝글로리를 곁들였다. 냉장고 안에는 한국 술도 놓여 있었다. 육로로 국경을 넘어온 한국 여행자들 가운데 이곳 치앙콩에서 하룻밤 머무는 이들이 제법 있는 모양이다.
식사를 마친 뒤 숙소에서 강변을 바라보았다. 짧지만 다채로웠던 치앙콩에서의 둘째 날이 그렇게 저물어 갔다. 태국은 왠지 내가 상상했던 것보다 더 매력적일 것 같다.

길 위의 리듬을 되찾다

(치앙콩 – 치앙센)

떠날 채비를 마치고 숙소 리셉션에서 토스트와 우유로 간단히 아침 식사를 하며, 카이 아저씨와 잠시 이야기를 나누었다. 리셉션 옆 벽면에는 미국을 비롯한 여러 나라의 차량 번호판이 붙어 있었는데, 그 모든 번호판은 이곳에 머물렀던 손님들이 아저씨의 부탁을 받고 보내 준 것이라고 했다. 그러면서 내게도 혹시 가능하면 한국 번호판을 보내 줄 수 있겠느냐며 슬쩍 부탁하셨다. 아직 벽에 우리나라 번호판은 없었다. 나는 웃으며, 한국에 돌아가 생각해 보겠다고 대답했다. 떠나온 자리에서 누군가를 떠올리고, 작지만 마음을 담은 무엇인가를 다시 보내는 그 행위가 괜스레 따뜻하게 느껴졌다.

카이 아저씨와 작별 인사를 나눈 뒤, 아침 7시경 숙소를 나서 1020번 도로를 따라 달리기 시작했다. 처음으로 반팔 저지를 입었는데, 선선한 바람 덕에 늦가을 아침 라이딩을 하는 듯한 기분이었다.

잠시 후 치앙콩 전망대(View Point Chiang Khong) 인근에서 1290번 도로로 접어들어 치앙센(Chiang Saen) 방향으로 방향을 틀었다. 처음 마주친 마을은 조용히 토요일 아침을 맞이하고 있었다. 도로는 한동안 한적한 2차선이었고, 이후에는 왕복 4차선으로 넓어졌는데, 갓길까지도 차 한 대가 다닐 만큼 여유가 있었다. 30분쯤 달리다가 절 앞에서 잠시 숨을 돌렸다.

이어지는 길에는 짧지만 6~9% 경사의 오르막이 세 군데 있었고, 10km 지점에서는 오늘 구간 중 가장 가파른 12% 경사가 나타났다. 페달을 밟으며 오르기보다는 끌고 올라가는 편이 체력적으로 더 나을 듯하여, 잠시 멈춰 카이 아저씨께서 챙겨 주신 바나나를 먹은 후 천천히 자전거를 밀고 올랐다.

고개 정상에 있는 화이산마이(Huai San Mai) 전망대(일명 Paradise Road Viewpoint) 아래로는 메콩강을 따라 시원한 풍경이 펼쳐져 있었다. 맞은편 도로 벽에 붙어 있는 치앙라이와 치앙콩을 잇는 104km 울트라마라톤 포스터와 표지석을 한동안 바라보며 도로 위를 뛰어가는 내 모습을 상상해 보기도 했다. 빠르지는 않지만, 한때는 쉼 없이 달릴 수 있었던 시절이 내게도 있었다.

15% 경사의 가파른 내리막을 조심스레 내려와 첫 마을에서 우회전했다. 이 길은 이 군이 추천해 준 경로인데, 계속해서 1290번 도로를 타는 것보다 거리가 10km 정도 길어지지만 큰 오르막 없이 메콩강변을 따라 달릴 수 있어 훨씬 수월했다. 전체 거리는 약 65km로, 정오쯤에는 숙소에 도착할 수 있을 것 같았다.

화이산마이 전망대를 내려가자 풍경이 달라졌다. 높은 산들은 자취를 감추고, 그 자리를 메콩강을 따라 펼쳐진 너른 논밭이 대신했다. 굳이 전망대가 필요 없을 만큼 달리는 길 자체가 메콩강을 따라 이어지는 최고의 전망이었다. 그래서일까, 잠시 들른 림콩 전망대(Rimkhong View Point)에서는 오히려 특별히 시선을 사로잡는 풍경을 찾아볼 수 없었다.

어떤 마을에서는 어린이들이 무대에서 춤을 추고 있었다. 주변에도 아이들이 가득했는데, 아마도 주말을 맞아 열린 어린이 행사인 듯했다.

잠시 멈춰 서서 사원의 아름다운 풍경도 눈에 담았다. 담 위에 가지런히 놓인 불상들을 보며, '이렇게 많은 불상이 중생을 위해 기도해 주고 있으니 세상이 그럭저럭 굴러가는 건지도 모르겠다'라는 생각이 문득 들었다.

치앙센이 가까워질수록 도로는 곧게 뻗어 있었고, 차들은 빠르게 지나갔다. 나도 덩달아 속도를 높여 시속 20km 안팎으로 달렸다.

숙소 도착 전에 점심 식사를 미리 하는 것이 좋을 것 같아서 도로변의 식당에 들러 쌀국수 한 그릇을 주문했다. 맛은 있었지만 역시 양은 아쉬웠다. 식사 후에는 '왓프라탓파응아우'라고 하는 사원에도 잠시 들렀는데, 태국에서 처음 찾은 사원이어서 그런지, 인상 깊게 다가왔다. 사원의 규모가 꽤 컸고 행사도 열리고 있었지만, 내용을 알 수 없어 그저 조용히 한 바퀴 둘러보는 것으로 만족했다.

치앙셴은 치앙콩보다 도시 규모가 크고, 길가 풍경에서도 도시 특유의 질서와 여유가 느껴졌다.

정오를 조금 지나 숙소에 도착했다. 어제 치앙콩 숙소의 아주머니께서 전화로 해 주신 예약은 정상적으로 처리되어 있었다. 청소 등 입실 준비로 인해 1~2시간 정도는 기다려야 할지도 모른다고 생각했는데, 다행히 곧바로 체크인을 할 수 있었다. 2층에 배정된 방으로 짐을 옮기고 자전거까지 방 안에 들여놓으려던 순간, 체크인할 때 마주쳤던 김 선생이 다가왔다. 싱글 침대방이 없다며 자신과 더블 침대방을 함께 쓰지 않겠느냐는 제안을 해 왔다. 혼자 지내기엔 조금 적적할 것 같기도 했고, 무엇보다 이 지역 여행 경험이 많아 보여 망설임 없이 수락했다. 솔직히 오랜만에 여러 명이 한 방을 사용하는 도미토리 특유의 분위기를 느껴 보고 싶기도 했다.

샤워를 마친 뒤, 김 선생과 함께 근처 식당으로 점심을 먹으러 갔다. 쌀국수를 먹은 지 얼마 되지 않았는데도 배가 고픈 걸 보니 그 양으로는 턱없이 부족했던 모양이다. 식사를 마친 후에는 김 선생과 골든트라이앵글에 함께 가려 했지만, 오전 라이딩의 피로가 몰려와 나는 숙소에 남기로 했다. 어차피 내일 그곳을 지날 예정이라서 굳이 무리할 필요는 없었다.

저녁에는 김 선생과 함께 메콩강 강변에서 열린 주말 야시장을 둘러보고 식사도 했다. 메뉴는 태국 북부식 샤브샤브였다. 이런 음식이 있는 줄도 몰랐는데, 김 선생이 이곳의 특식이라며 소개해 줬다. 화로와 그릇이 토기인 것을 제외하면, 우리가 먹는 방식과 크게 다르지 않았다. 혹시 덜 익은 고기를 먹고 탈이라도 날까 싶어, 고기가 잘 익었는지 조심스레 살피며 먹었다. 간호해 줄 사람 하나 없는 솔로 여행자는 늘 스스로 건강과 안전을 챙겨야 하는 법이다.

아쉽게도 강변 바람이 너무 세게 불어와, 결국 고기를 반쯤 남긴 채 자리를 정리할 수밖에 없었다. 식사 후 김 선생은 야시장을 다시 한 바퀴 더 돌았고, 나는 근처 세븐일레븐에서 간식거리를 사서 숙소로 돌아왔다. 그리고 조용히 오늘의 라이딩을 정리했다.

자전거 여행자답게 태국의 도시를 제대로(다른 교통수단 이용 없이) 잇는 첫날이었다. 베트남과 라오스에서의 우여곡절은 어쩌면 긴 예열이었는지도 모른다. 이제는 여유롭게, 그러나 단단하게 달려갈 차례다.

혼자였지만 혼자만은 아니었던 하루
(치앙센 – 매찬)

새로운 하루가 밝았다. 어린 스님들이 맨발로 탁발하러 다니기에는 새벽 공기가 차갑게 느껴지는 날씨였다.

김 선생은 어제 늦은 저녁까지 촬영한 영상을 편집하고 있었다. 자는 나에게 방해가 되지 않으려 조심하는 눈치였지만, 깊은 잠을 이루기는 쉽지 않았다. 이른 새벽, 나는 혹시 짐 챙기는 소리가 그에게 방해가 될까 싶어 조용히 밖으로 나와 출발 준비를 했다. 생활 방식이 다른 두 사람이 한 공간에서 머문다는 건, 어쩔 수 없이 작은 불편을 감수해야 하는 일이다.

떠날 채비를 마친 뒤에는 숙소 식당에서 토스트로 간단히 아침을 먹었다. 이른 시간에도 식사를 할 수 있다는 것을 이 숙소를 여러 차례 이용해 본 김 선생 덕분에 알 수 있었다. 함께한다는 건 불편함도 있지만, 그만큼 도움이 되는 일도 있다. 매사에는 장단점이 공존하는 법이다.

방을 나설 때 자고 있어서 간단히 인사만 나누었는데, 식사를 마치고 떠나려 하니 때마침 김 선생이 1층으로 내려와서 다시 인사를 나누었다. 헤어진 후 한동안 나를 지켜보며 손을 흔들어 주었다. 누군가를 배웅하며 크게 손 흔드는 모습을 본 건 참 오랜만이었다. 그 손짓이 참 따뜻했다.

메콩강에 비친 강렬한 아침 햇살을 뒤로한 채, 1290번 도로를 따라 매찬(Mae Chan)을 향해 달리기 시작했다. 오늘 경로 중 약 8km 지점에는 골든트라이앵글(Golden Triangle)이 있다. 이곳은 태국, 라오스, 미얀마 세 나라의 국경이 만나는 지점으로, 한때는 세계 최대의 아편 생산지로 악명을 떨쳤던 곳이다. 지금은 그 역사의 무게를 품은 채, 관광지로 재탄생했다.

가을 아침을 닮은 선선한 바람 속에 한적한 아스팔트 길을 따라 페달을 밟다 보니, 어느새 대형 코끼리 조형물과 불상들이 보이는 골든트라이앵글 초입에 도착했다. 지금도 여행 주의 지역으로 지정된 이곳이지만, 일요일 아침의 풍경은 오히려 평화롭고 느긋했다. 아이 손을 잡고 나온 가족들, 삼삼오오 모여 사진을 찍는 관광객들, 모두가 일상처럼 조용한 시간을 보내고 있었다.

대형 부처님을 모신 제단에 올라 조용히 삼배를 올렸다. 불전 대신, 할아버지 품에 안겨 있던 꼬마에게 간식으로 들고 있던 과자를 건넸다. 아마 부처님도 이해해 주시리라.

강변을 따라 조금 더 이동하니 골든트라이앵글의 상징인 삼각형 조형물이 모습을 드러냈다. 사진으로는 강물 위에 떠 있는 듯 보였지만, 실제로는 강가 난간 위에 설치되어 있었다. 아주 거창하고 멋을 부린 모습은 아니었지만, 품고 있는 역사와 상징성은 가볍지 않았다.

　강과 강이 만나며 세 나라의 경계를 이루는 이곳, 오랜 시간 동안 무겁고 복잡한 역사를 품어 온 땅에서 평범한 여행자의 시선으로 바라본 오늘의 골든트라이앵글은 생각보다 조용했고, 그만큼 묘한 여운을 남겼다.

　골든트라이앵글을 막 떠나 도로를 따라 달리기 시작하자, 반대편에서 자전거를 탄 서양인들이 하나둘 지나가기 시작했다. 처음엔 개인 라이딩을 하는 줄 알았는데, 같은 종류의 여행용 자전거에 똑같은 패니어 가방을 달고 있는 걸 보니 단체 자전거 투어 중인 게 분명했다. 그 무리의 마지막엔 지원 차량이 따라붙어 있었고, 그 차에 탄 스태프가 나를 향해 엄지척을 보내 주었다.

　그 순간, 마음 한쪽에 살짝 부러움이 스쳤다. 함께 달리는 이들이 있다는 것, 필요할 때 뒤따라오는 차량이 있다는 것, 힘든 오르막에서도 서로를 격려하고, 멋진 풍경 앞에서는 함께 감탄할 수 있다는 것, 지금의 나에게는 없는 것들이었다. 혼자 달리는 자유도 좋지만, 누군가와 함께 나눌 수 있는 여정에는 또 다른 따뜻함이 있다는 걸 새삼 느꼈다.

　길가의 개가 혹시나 달려들지도 모른다는 생각에 평소 막대기

대신 들고 다니던 휴대폰 삼각대를 꺼내려 상의 저지 뒷주머니를 더듬었는데, 없었다. 분명 골든트라이앵글에서 옷매무새를 고쳐 입을 때까지만 해도 있었는데, 어디서 흘렸는지 전혀 기억이 나지 않았다.

며칠 전엔 루앙프라방에 샴푸와 보디샴푸를 두고 나왔고, 이제는 삼각대까지. 이렇게 하나씩 빠뜨리다 보면 나중엔 남는 게 별로 없을 것 같다. 혼자 하는 여행은 자유롭지만, 챙길 것도 많고 신경 써야 할 일도 많다. 모든 것을 스스로 감당해야 하니, 앞으로는 더 조심해야겠다.

골든트라이앵글을 지나며 메콩강과도 이별을 고하고, 서쪽으로 방향을 튼 1290번 도로의 크고 작은 언덕 세 곳을 넘으며 점차 농촌 풍경 속으로 접어들었다. 이후 4001번 도로로 갈아타자, 시야가 확 트인 넓은 농경지대가 펼쳐졌다. 어떤 논은 추수를 마친 채 휑한 모습으로 쉬고 있었고, 어떤 논은 막 모내기를 끝낸 듯 물이 반짝이고 있었다. 계절의 흐름과 삶의 시간이 한 화면 안에 겹쳐 보이는 풍경이었다.

출발한 지 3시간쯤 지나자 허기가 슬슬 밀려왔다. 달리면서 길 양쪽을 유심히 살폈지만, 문을 연 식당이 좀처럼 눈에 띄지 않았다. 한 번은 마을 주민에게 식당 위치를 물어 찾아가 보기도 했지만, 일요일이라 그런지 문이 닫혀 있었다. 주린 배로 계속 달려야 하나 싶던 순간, 길가에 식당 하나가 눈에 들어왔다. 얼른 자전거를 세우고 볶음밥을 주문해 뚝딱 해치웠다. 허기진 몸엔 무엇이든 꿀맛이었고, 역시나 태국 음식답게 짰다. 하지만 그런 짠맛마저도 반가운 맛이었다.

식사 후에도 한동안은 끝없이 펼쳐진 들판을 따라 달려야 했다. 이렇게 넓은 땅에서 2모작, 3모작이 가능하다면, 이곳 사람들은 적어도 굶을 일은 없겠구나 싶었다. 이곳 주민들에게는 '보릿고개'라는 단어가 생소할 듯했다.

개천가에는 한 남자아이가 풀잎으로 만든 미끼를 드리운 채 낚시를 하고 있었다. 무엇을 노리고 있는지는 알 수 없었지만, 그 모습은 내 기억 속 깊이 묻혀 있던 어느 여름날을 떠올리게 했다. 미끼를 물가에 던지고, 들여다보며 한참을 기다리던 그 시절. 그 장면이 마음속에 흐릿한 흑백사진처럼 스르르 떠올랐다.

왜 내가 저기에 있지?

2~3시간 가까이 들판 사이를 달리며 반복되는 풍경 속을 지날 때쯤, 한 농부가 물을 댄 논에 무엇인가를 뿌리고 있는 모습이 눈에 들어왔다. 자전거를 세우고 한참을 바라보다가, 문득 익숙한 냄새가 코끝에 스며들었다.

아, 이 냄새.

진흙 냄새였다.

어릴 적 외갓집에서 모내기를 거들며 맨발로 밟았던 차가운 흙,

그 속에서 피어오르던 바로 그 냄새. 잊고 지내던 감각이 되살아나자, 뒤이어 외할머니께서 중참으로 내주신 국수 한 그릇이 선명하게 떠올랐다. 따뜻하고 짭짤했던 면발의 식감마저도.

자전거를 탄 지 5시간이 지나자, 쉬는 간격이 점점 짧아졌다. 그늘이 보이면 멈춰서 땀을 식혔고, 여행 중 카페에도 들렀다. 장시간 라이딩 끝에 앉은 카페의 의자는 그 어느 벤치보다 부드럽고, 에어컨 바람은 엄청난 호사처럼 느껴졌다. 이국의 시골 마을에서 맞이한 짧은 멈춤은 몸뿐 아니라 마음까지도 잠시 내려놓게 했다. '아, 이게 바로 망중한이구나' 싶었다.

무더운 날씨에 얼음 가득한 과일스무디 한 모금은, 고단한 몸을 단번에 식혀 주는 선물이 되었다. 점심을 넉넉히 먹은 터라 스무디를 다 마시지 못하고 자전거 물병에 옮겨 담았는데, 이후 길가에서 쉴 때마다 꺼내 마시니 몇 배는 더 시원하고 달콤했다.

카페 안에는 흥미로운 풍경도 있었다. 한 손님이 우리나라 군복 야전상의를 입고 있었는데, 사단 마크며 계급장까지 그대로 달려 있었다. 7사단 병장. 잠시 시선을 멈췄다. 그 모습을 보며, 이국의 누군가에게는 그 군복이 강인한 남성의 매력으로 비쳤던 걸지도 모른다는 생각을 해 보기도 했다.

들판 풍경을 실컷 눈에 담고 난 뒤, 1016번 도로로 갈아타 매찬을 향해 약 15km를 달렸다. 도로는 왕복 6차선이었고, 대부분이 직선 구간이라 처음엔 속도감이 좋았지만, 시간이 지날수록 지루함이 밀려왔다. 쭉 뻗은 길 위에서 반복되는 풍경은 오히려 피로를 더했다.

이 군이 추천한 숙소는 매찬 외곽에 자리 잡고 있었다. 중심가와는 조금 떨어져 있었지만 어차피 시내 구경을 할 계획은 없었고, 내일도 숙소 앞 도로를 따라 곧장 출발하면 되니 오히려 잘된 선택이었다. 오후 1시 30분쯤 숙소에 도착해 체크인을 마친 뒤, 샤워를 하고 곧바로 빨래를 했다. 먼지를 털어 낸 몸처럼, 하루의 고단함도 조금은 씻겨 내려가는 듯했다.

저녁 무렵, 근처 세븐일레븐에 들러 내일을 위한 비상식량을 챙겼다. 빵, 초콜릿 바, 생수, 환타 그리고 고장 난 체육복 하의 왼쪽 지퍼를 대신할 옷핀까지. 결제는 태국에서 처음으로 알리페이를 사용했다.

나오는 길에 세븐일레븐 옆의 파이브(Five) 매장에서 통닭 한 마리를 저녁으로 샀다. 숙소에 돌아와, 빨래를 널어 둔 테라스의 작은 테이블에 앉아 아내와 영상 통화를 했다. 통닭을 한 점씩 뜯어 먹으며, 오늘 있었던 일들을 천천히 들려줬다. 길이 얼마나 지루했는지, 스무디가 얼마나 달콤했는지 그리고 논에서 맡은 그 진흙 냄새까지.

혼자 하는 여행이 익숙해질수록, 오히려 누군가와 나누는 말 한 마디가 더 깊이 스며든다. 화면 너머로 웃고 있는 아내의 얼굴이 유난히 정겹게 다가왔다.
　함께 있을 때 더 잘해 줄걸.
　닭고기는 여느 때처럼 맛있었고, 역시 태국 음식답게 짰다. 그런데 이상하게, 오늘은 그 짠맛마저 덜 외롭게 느껴졌다.

　그렇게 오늘 하루도 저물었다.
　혼자였지만 혼자만은 아니었던 하루.
　좋은 날이었다.

산 너머, 메콩의 들판으로
(매찬 – 타톤)

 동남아 여행 넷째 주 그리고 태국 자전거 라이딩 사흘째. 이제야 비로소 자전거 여행자의 '틀'을 갖춘 듯한 기분이 든다. 모름지기 자전거 여행자의 세상은 오직 안장 위에서만 펼쳐진다는, 그런 것.
 자는 동안 약간 쌀쌀하다는 느낌이 들긴 했지만, 중간에 깨지 않고 푹 잤다. 숙면 역시 여행에서 빼놓을 수 없는 건강의 조건이다. 산뜻하게 스트레칭으로 아침을 열었다.

 전날 세븐일레븐에서 사 둔 빵으로 아침을 때웠다. 방 안에 자전거를 보관할 수 있어서 짐 정리는 수월했다. 출발 전, 숙소 앞에서 사진 한 장을 남겼다. Room 3. 처음 배정된 방의 번호가 하필이면 4번이었다. 한국인은 '4' 자를 좋아하지 않는다고 굳이 번역기까지 돌려 가며 3번 방으로 바꿨던 게 떠올라 웃음이 났다. 참, 별것도 아닌데.
 오늘은 획득 고도가 700m나 되어(평지를 며칠 달리다 보니 이마저도 높아 보인다), 본격적인 산악 주행에 대비해 복장을 단단히 갖췄다. 긴팔 저지에 9부 팬츠 위로 시합용 5부 팬츠를 겹쳐 입고, 종아리 압박 양말, 바셀린, 테이핑, 발포비타민과 아미노바이탈까지 챙기니 거의 대회 수준의 준비였다.

7시 10분경, 떠오르는 해를 뒤로한 채 1089번 도로를 따라 라이딩을 시작했다. 반 장갑을 낀 손끝이 시릴 정도로 쌀쌀한 아침이었다.
왼쪽에서 피어오르는 물안개에 시선이 머물렀다. 지도상으로는 파투엥(Pa Tueng) 온천 근처였다. 안개가 온천의 영향인지는 알 수 없었지만, 고요하고 아름다운 순간이었다. 근처엔 개 두 마리가 있었지만, 다행히 얌전히 있었다. 그 순간, 문득 어제 골든트라이앵글에서 잃어버린 카메라 삼각대가 다시 떠올랐다. 달려드는 개를 쫓기 위해 몽둥이 대신에 잘 들고 다녔는데, 순간의 방심으로 잃어버린 삼각대, 지금은 누구의 손에 있을까.

아침으로 먹은 빵이 제법 든든했지만, 고개를 넘기 전엔 가게가 없다는 이 군의 조언이 계속 맴돌았다. 조금 큰 상점 앞에서 빵과 두유로 배를 다시 채우며 첫 휴식을 취했다. '먹을 수 있을 때 먹어 두자.'
상점 아주머니와 잠시 이야기를 나눴는데, 넉 달 뒤 한국에서 눈 성형을 받을 계획이라고 했다. 내가 보기엔 충분히 예쁜 눈을 가졌음에도, 굳이 남의 나라까지 가서 성형을 해야 하나 싶었다.

아름다움에 대한 욕망의 끝은 대체 어디까지일까.

10여km를 달리다 보니 매살롱(Mae Salong)으로 향하는 갈림길 앞에 이르렀다. 순간, '오늘 한번 들러 볼까?' 하는 생각이 스쳤다. 하지만 일정에 없던 경로를 갑자기 끼워 넣기엔 무리가 있었고, 지형도 만만치 않아 보였다. 맨몸으로도 오르기 힘들 것 같은 급경사가 버티고 있었다. 결국 처음 계획대로 타톤(Tha Ton)으로 향하기로 마음을 굳혔다.

어제 통닭을 샀던 파이브 매장의 종업원 말에 따르면, 아침 일찍 매찬 시장에서 매살롱으로 향하는 송태우가 출발한다고 했다. 하지만 시장은 숙소에서 3~4km는 떨어져 있었고, 정확한 출발 시간도 알 수 없어 시도하긴 어려웠다.

매살롱은 태국 여행을 하면서 알게 된 마을인데, 북부 산악지대에 자리한 중국계 마을로, 중국 국민당 잔류군의 후손들이 정착해 만든 곳이다. 언덕 위에 옹기종기 모여 있는 마을 풍경이 인상적이며, 대만식 음식과 차 문화, 중국어 간판이 어우러져 태국 안의 작은 중국처럼 느껴지는 곳이라고 한다.

때때로 안개가 피어오르는 아침, 언덕 위의 차밭을 바라보며 마시는 한 잔의 따뜻한 우롱차는 이 마을이 품은 고요함과 유민(流民)의 서사를 함께 전해 준다는 말에 마음이 혹했던 것이었다.

23km 지점부터 본격적인 오르막이 시작되었다. 다행히 경사는 4~8% 수준의 계단식이었다. 완만한 구간과 평지가 반복되며 숨

을 돌릴 여유를 줬다. 첫 번째 고개를 넘자, 경사도 15%의 급경사 내리막이 기다리고 있었다. 브레이크를 꼭 쥔 채 조심조심 내려왔다. 그 후 다시 3km 정도를 올랐는데, 이번엔 경사가 훨씬 가팔랐다. 중간에 상점에 들러 음료수 한 병으로 몸을 식혔다. 32km 지점의 두 번째 고개 정상 부근에는 건축 중인 건물이 있었다. 의자도 있어 앉아 쉬면서 훤히 내려다보이는 일대의 경치를 감상하기 좋은 곳이었다. 그런데 아직 기초 공사 중인지 바닥이 삐거덕거려 의자에 앉아 보질 못했다(겁이 많은 편이다). 내리막은 첫 번째 고개보다 더욱 조심스러웠다. 베트남 사파에서 버스로 라이쩌우로 내려오던 길처럼, 가파른 경사에 긴장을 늦출 틈이 없었다. 그나마 노면 상태가 좋아 다행이었다.

정오를 넘기자, 서서히 허기가 밀려오기 시작했다. 이제부터는 내리막이 대부분이니 서두를 필요는 없었다. 로이자이락(Roi Jai Rak) 시장에 있는 식당 앞에 자전거를 세웠다. 볶음밥에 계란프라이가 얹어 나온 것은 처음이어서 괜히 반갑기까지 했다.

옆 매장에선 아카(Akha)족 할머니가 장식품을 만들고 있었다. 진열된 수공예품들이 대부분 지갑, 가방들이어서 자전거 여행자가 살 만한 것은 없었다.

'하루에 몇 개나 팔릴까?'

마음 한편이 조용히 일렁였지만, 괜한 측은지심을 뒤로 하고 다시 안장에 올랐다. 행복이란 눈에 보이는 것이 전부는 아니니까.

들판이 점점 넓어지고 벼 대신 다른 작물들이 자라고 있었다. 바쁘게 물을 뿌리고 있는 스프링클러가 태국의 고산지대를 지나 평야로 넘어왔다는 걸 실감케 했다.

숙소로 점찍어 두었던 홈스테이에 열심히 달려갔지만, 아쉽게도 빈방이 없었다. 그래도 여주인은 미안한 마음을 담아 시원한 물 한 병을 건네며 근처 호텔을 소개해 주었다. 그 호텔은 문이 닫혀 있었고, 지친 몸으로 또다시 방향을 틀어 마지막 후보로 생각했던 'Saranya River House'로 향했다. 다행히 그곳엔 방이 있었다. 그런데 숙박료가 무려 1,000밧(40,000원)이었다. 이번 여행 중 가장 높은 가격이었다. 다행히 방이 넓고 깨끗하여 홈스테이에 숙박하지 못한 아쉬움은 금세 사라졌다.

샤워를 마친 뒤, 내일 매살롱으로 갈 방법을 알아보려고 송태우 정류장을 찾았다. 매살롱에 대한 미련을 완전히 떨쳐 내지 못한 탓이었다. 가는 길에 콕(Kok) 강변의 보트 티켓 사무소가 눈에 띄어 잠시 들러 보니, 서양인 커플이 직원과 이야기 중이었다. 그들에게 물어보니, 치앙라이까지 보트 요금이 2,500밧(100,000원)이라고 했다. 이동 시간이 얼마나 단축되고 거기에 낭만이 얼마나 보태질지는 모르겠지만, 태국 물가를 고려하면 현실적으로 부담스러운 가격이었다.

강을 가로지르는 다리 위엔 공작초 화분이 줄지어 선 채 이방인을 맞이하고 있었다. 정류장에 가 보았지만, 송태우는 이미 끊겼는지 보이지 않았다. 허탈한 기분을 안고 숙소로 돌아왔다. 매살롱은 정말 다음 기회로 미뤄야 할 것 같다.

저녁은 숙소에서 추천해 준 식당에서 쌀밥이 따로 나오는 돼지고기 백반을 먹었다. 밥이 적어 한 공기 더 주문하니 15밧(600원)이었다. 백반 가격은 모두 합쳐 80밧(3,200원)이었으니 여전히 저렴했다. 하지만 쌀이 많은 이 나라에서 공깃밥이 더 비싸게 느껴지는 건 조금 뜻밖이었다.

식당을 나서자 무심히 떠 있는 달이 눈에 들어왔다. 여행한답시고 이곳저곳을 바쁘게 다녔지만, 정작 하늘에 달이 있다는 사실조차 까맣게 잊고 지냈다는 걸 그제야 깨달았다. 마음을 더 내려놓아야 할 것 같았다.
세븐일레븐에 들러 물 한 병과 비스킷 두 봉지를 사서 숙소로 돌아오는 길, 다리 위의 조명이 하나둘 켜지며 저녁 풍경을 천천히 밝혀 가고 있었다.

숙소에 돌아와 수파폰 아주머니와 이야기하던 중에 오후에 가 봤던 송태우 정류장에서 내일 아침 8시 30분에 매살롱으로 떠나는 송태우가 있다는 것을 알게 되었다. 단념했던 마음이 되살아나는 것이 느껴졌다.

오늘 하루는 고개를 넘고, 다시 평야로 내려오는 여정이었다. 오르막길에서의 고단함도, 아카족 할머니의 손끝에서 느껴졌던 삶의 무게도, 달빛 아래의 고요함도 모두 이 하루를 가득 채워 주었다. 매살롱에 대한 미련까지도.

좋은 날이었다.

딱 그만큼의 고단함과 그만큼의 평온함으로.

뜻밖의 선물

송태우(Songthaew)는 태국 전역에서 흔히 볼 수 있는 대중교통 수단으로, 소형 트럭을 개조해 만든 공유 택시 형태다. 이름은 '두 줄'을 뜻하는 태국어에서 왔는데, 차량 뒤쪽에 길게 설치된 두 줄의 벤치형 좌석에서 유래했다. 정확한 정거장 위치는 파악하지 못했지만, 오전 8시 30분에 출발하는 송태우를 타고 매살롱으로 갈 수 있다는 설렘과 함께 새벽부터 짐을 정리했다.

호텔에 자전거와 짐 대부분을 남겨 두고, 매살롱에서 필요한 최소한의 용품만 백팩에 챙겼다. 짐을 들고 방을 나서니 멀리 타톤 사원이 눈에 들어왔다. 산허리에 내려앉은 안개가 이른 아침의 공기와 어우러져, 쉽게 접할 수 없는 풍경을 만들어 내고 있었다. 8시쯤 다리를 건너 송태우 정류장이 있다는 곳으로 갈 예정이었기에 아직 한 시간 남짓의 여유가 있었다. 아침 산책 삼아 근처를 천천히 둘러보기에는 충분한 시간이었다.

맨발의 어린 스님이 단출한 승복 차림으로 거리를 돌기에는 아침 공기가 어제보다 훨씬 쌀쌀했다. 라이딩용 패딩 재킷을 입고 나오길 잘했다는 생각이 들 정도였다. 다리 위에서 밤을 꼬박 지킨 조명과 가로등이 여전히 불을 밝히고 있었다.

절 입구에서 시작되는 언덕길을 따라 오르자, 오른편으로 불상과 사찰 건물이 모습을 드러냈다. 그 순간, 산 너머로 일출이 시작되었다. 전혀 예상치 못한 광경이라 신기함에 연신 셔터를 눌렀다. '타임랩스로 찍었으면 더 좋았을 텐데' 하는 아쉬움이 스쳤다. 근처에 있던 태국 가족이 부탁도 하지 않았는데 고맙게도 내 사진을 찍어 주었다.

잠시 발걸음을 멈추고, 이번 여행에서 가장 오래 기억될 것 같은 일출 풍경을 눈과 마음에 담았다. 조금 더 올라가 동쪽을 향해 앉아 있는 부처님께 인사를 드렸다. 그곳에서 내려다본 전경은 아래쪽에서 바라본 모습과는 또 다른 깊이를 품고 있었다.

그저 무심히 걷던 발길이 사원으로 향했고, 그 덕분에 주변을 온통 붉게 물들인 일출과 산기슭에 낮게 내려앉은 안개가 연출한 아름다운 아침 풍경을 만날 수 있었다. 아마도 운동선수가 경기의 승리에서 맛보는 쾌감에 비길 만한, 여행자에게 한 번씩 주어지는 뜻밖의 짜릿한 선물 같다고나 할까.

미련을 넘어 팡으로

(타톤 – 팡)

 타톤 사원에서 내려와 숙소로 향했다. 리셉션의 수파폰 아주머니에게 부탁을 했다. 만약 8시 30분 이후에 내가 숙소로 돌아오지 않으면 매살롱으로 떠난 줄 알고, 내일 돌아올 때까지 자전거와 큰 가방을 잘 보관해 달라는 내용이었다.

 송태우 정류장으로 가기 위해 다리를 건넜다. 다리 위의 공작초는 어제보다 더 선명한 색을 띠고 있었고, 콕강 위로는 아침 햇살이 길게 번져 있었다.
 어제 오후에 들렀을 땐 건물만 덩그러니 있어 정류장인지조차 몰랐던 곳에, 오늘은 노란색 송태우 한 대가 주차되어 있었다.
 그 송태우는 팡(Fang)으로 가는 것이었고, 매살롱으로 가는 것은 보이질 않았다. 기사와 번역기, 칠판까지 동원한 약 10분간의 대화 내용을 정리하자면 이렇다.
 첫째, 타톤에서 매살롱으로 가는 정기 송태우는 현재 없다.
 둘째, 대절은 가능하며, 요금은 700밧(28,000원). 소요 시간은 약

1시간 30분이다.

셋째, 관광까지 포함하여 온종일 대절하면 요금은 1,500밧(60,000원)이다.

가성비가 떨어진다는 판단하에 결국 매살롱은 다음 기회로 미루고, 원래 계획했던 길을 가는 것으로 마음을 정리했다.

우발적 충동의 끝.

나는 왜 그곳에 가려 했던 걸까?

라이딩 복장으로 갈아입기 위해 수파폰 아주머니에게 내가 묵었던 방 열쇠를 부탁했다. 그런데 이미 청소를 반쯤 해 놓은 상태라, 정리해 둔 용품들은 그대로 두고 옷만 갈아입고 나오라고 했다.

숙소 앞에서 수파폰 아주머니와 이야기를 나누며 떠날 채비를 했다. 오른쪽 어깨가 좋지 않아 손을 들어 올리지 못한다면서 스트레칭을 반복했고, 오늘 팡에서 묵을 것이라고 하니 거기에서 5km가량 떨어진 곳에 온천이 유명하다면서 위치까지 알려 주었다. 처음에 숙박 요금으로 1,450밧(58,000원)을 제시하길래 너무 비싸다며 다른 곳도 알아봐야겠다고 흥정하자, 아침 식사를 제외하는 조건으로 1,000밧(40,000원)에 방을 내주기도 했다. 나보다 먼저 체크인한 네덜란드 부부에게는 1,600밧(64,000원)을 받았다며, 손가락으로 '엿' 모양을 하던 모습이 재미있었다. 친절하고 영어도 능숙한, 기억에 남는 아주머니였다.

출발하자마자 핸들에 가민 시계를 설치하지 않았다는 걸 깨달았다. 주행 정보는 갤럭시 워치에 기록할 수도 있었지만, 데이터의 일관성을 위해 백팩에 넣어 둔 가민 시계를 꺼내어 핸들에 장착했다.

그 사이, 주변 공사장에서 철근 골조 작업을 하는 인부들의 모습이 눈에 들어왔다. 안전 비계도, 발판도 허술해 보였고, 저런 상태에서 작업을 해도 되는 건지 걱정이 앞섰다. 문득, 한국의 매서운 추위 속 공사 현장에서 일하는 아들의 얼굴이 떠올랐다.

아침 시간만 허비한 채, 정작 매살롱에는 가지 못하게 되는 상황을 대비하여 마련해 둔 대안은 약 25km 떨어진 팡까지만 가는 것이었다. 그래서 9시가 넘어 출발했지만, 마음은 한결 여유로웠다.

아침에 먹은 빵이 적었던 탓인지, 얼마 지나지 않아 허기가 몰려왔다. 식사를 제대로 해야겠다 싶어 처음 마주친 식당 앞에 자전거를 세웠다. 마침 그 순간, 한 무리의 자전거 그룹이 스쳐 지나갔다. 자전거 투어 프로그램에 참가한 사람들인 듯, 맨몸에 얇은 로드 타이어를 장착한 자전거를 타고 있었다. 식당에 들르지 않았다면 그들과 잠시라도 함께 달려 볼 수 있었을 텐데, 괜스레 아쉬움이 남았다.

지금까지 먹었던 것과 달리, 국물 색이 진한 닭국수 한 그릇을 비우고 계산을 하는데, 주인아주머니가 몹시 춥다는 표정을 지었다. 번역기로 '한국에서는 이 정도 날씨면 아주 시원한 겁니다.'라는 말을 보여 주고, 웃으며 팡을 향해 다시 페달을 밟았다.

　이동 거리가 다른 날보다 짧은 데다 2~3%의 완만한 내리막이 이어져 평속이 20km 이상 나왔다. 이대로 가면 12시도 되기 전에 숙소에 도착할 것 같아 일부러 속도를 늦추며 정겨운 논 풍경을 눈에 담았다.
　길가에 삶은 땅콩처럼 보이는 것이 있어 자전거를 되돌렸다. 내 추측이 맞았다. 머그잔보다 큰 그릇에 담긴 땅콩을 20밧(800원)에 사서, 그 자리에서 조금 까먹으며 잠시 쉬었다.

　팡에 가까워질수록 타고 오던 1360번 도로의 교통량이 많아졌다. 그래서 우회하여 107번 도로로 갈아탔더니 금세 도로가 한산해졌다. 길게 뻗은 도로를 달리다 보니 적적함이 느껴지기도 했지만, 울창한 가로수가 만든 그늘 길은 달리기에 더없이 좋았다. 다만 길가 곳곳에 버려진 쓰레기 봉지들이 눈에 거슬렸다. 예전 우리나라에서도 자동차를 타고 가다 이런 봉지를 아무렇지 않게 버리곤 했었다. 공중도덕도, 경제처럼 단계를 거쳐 성장하는 것이리라.

　우회로를 택한 탓에 주행 거리가 처음 계획보다 5km 이상 늘었고, 애초에 점찍어 둔 숙소와도 멀어졌다. 다른 숙소를 찾아 나섰지만 첫 번째로 간 곳은 빈방이 없었고, 다음 숙소마저 이미 만실이었다. 다시 근처 숙소를 검색해 평점이 높은 곳으로 향했으나,

이번엔 빈방은 있었지만 번역기를 써도 말이 잘 통하지 않았다. 요금이 350밧(14,000원)인지, 450밧(18,000원)을 내고 체크아웃 때 100밧(4,000원)을 돌려준다는 것인지 도무지 알아들을 수 없었다. 두 곳에서 연달아 퇴짜를 맞은 탓에 신경이 조금 예민해진 상태여서 그냥 그곳을 나와 버렸고, 결국 외곽에 있는 대형 호텔에 체크인했다. 한결 여유로울 것 같았던 일정이 숙소를 찾느라 막판에 꼬여 버린 셈이었다.

샤워를 마친 뒤 호텔 식당에서 볶음밥으로 점심을 해결했다. 밖에 나가서 식사나 장을 따로 보지 않아도 된다는 점이 좋았다. 식사 후에는 피로가 몰려와 잠시 침대에 누워 있다가, 호텔 리셉션 앞 탁자에 앉아 하루 일상을 정리했다. 요즘 익숙해진, 숙소 도착 후의 루틴이다.

이번 여행의 종착지인 치앙마이까지는 이제 150~160km 남짓 남았다. 이 군은 이 거리를 이틀 만에 주파했지만, 나는 며칠로 나누어 천천히 갈 생각이다. 어차피 치앙마이에 도착해 쉬는 것이나, 쉬어 가며 느릿하게 도착하는 것이나 결국은 같은 길이니까.

길 위에서 보낸 또 하나의 하루가 이렇게 저물었다. 조금은 느리고 조금은 돌아왔지만, 그만큼 더 많이 보고 더 많이 느낀 하루였다.

여행자의 관점에서 본
술, 담배, 커피 그리고 글쓰기

이번 여행 초입부터 머릿속을 맴도는 화두가 있다.

바로 '여행자의 관점에서 바라본 술, 담배 그리고 커피'다.

특히 혼자 떠나는 여행이라면, 이 주제는 그림자를 더 짙게 드리우는 것 같다.

혼자 여행하다 보면 외로움이 불쑥 찾아온다. 때로는 사무치게. 그 순간 떠오르는 것이 담배다. 모든 일을 스스로 해결해야 하다 보니 고민과 긴장이 반복된다. 그럴 때면 어김없이 담배 생각이 난다.

하루 일정을 무사히 마치고 숙소에서 여장을 풀면, 이제는 쉴 수 있다는 안도감과 함께 기분 좋은 피로가 밀려온다. 허기진 배를 채우며 한숨에 들이켜는 맥주 한 잔은 그야말로 꿀맛이다. 마음이 맞는 여행자를 만나는 날이면 술자리는 밤늦도록 이어지기 일쑤다.

여행을 대표하는 단어 중 하나는 '여유'다. 그리고 그 여유에는 커피가 잘 어울린다. 아침에 그날의 일정을 떠올리며 마시는 모닝커피, 무거운 발걸음을 잠시 멈추고 카페의 여유와 함께 마시는 한 모금의 커피. 그것 역시 여행에서 빼놓을 수 없는 소소한 기쁨이다.

2023년 5월 13일, 뇌경색으로 입원한 날, 야야의 울먹이는 듯한 메시지 한 통이 담배를 끊게 했다.

'아빠, 아프지 마.'

여전히 가끔 생각나지만, 지금까지는 잘 참아 내고 있다.
금연과 함께 시작한 절주는 어느새 금주로 이어졌다. 이번 여행에서 마신 술이라곤 농키아우에서 조금 맛본 라오 맥주가 전부다. 커피도 불면증과 잦은 소변 탓에 여행 전부터 입에 대지 않았다. 베트남 커피를 비롯해 이곳의 소문난 커피마저도 눈으로만 즐기고 있다.

곰곰이 되짚어 본다.
36년 동안 즐겨 왔던 술과 담배 그리고 모닝커피가 빠진 일상을 나는 어떻게 채워 가고 있는가를.
커피가 그리울 땐 물 한잔으로 대신하고, 담배의 유혹이 올 땐

'지금까지 충분히 피웠지 않은가?'라는 마음으로 한순간을 견딘다. 술은 이상하리만치 생각이 나지 않는다.

때로는 스스로 재미없는 사람이 되어 버린 것 같아 쓸쓸할 때도 있다. 가끔은 취기에 기대어 웃고 떠들던 시절이 그립다.
그런데도 버틸 수 있었던 건 하루를 마무리하는 '글쓰기' 덕분이다. 하루를 정리하며 쓰다 보면 잊었던 생각이 떠오르고, 써 놓은 글을 고치다 보면 어느새 1~2시간이 훌쩍 지나간다. 그렇게, 외로운 시간을 글로 채우며 여행을 이어 가고 있다.

어쩌면 여행이란, 잃어버린 것들을 대신할 무언가를 찾아가는 과정인지도 모른다.

흥미로운 쿠쿠 포레스트 캠프

(팡 – 차이프라칸)

숙소 방이 그늘진 탓인지 한기가 감돌았다. 이대로 자다가는 감기에 걸릴 것 같아 리셉션에 부탁하니, 담요를 가져다주었다. 덕분에 포근하게 잠들어 따뜻한 아침을 맞을 수 있었다.

80km가량 떨어진 치앙다오(Chiang Dao)를 염두에 두기도 했지만, 오늘은 35km 거리의 차이프라칸(Chai Prakan)까지만 가기로 했다. 구글 지도에서 '쿠쿠 포레스트 캠프(Koo Koo Forest Camp)'라는 흥미로운 숙소를 발견하게 되었는데, 어쩐지 특별한 곳일 것 같아 하룻밤 머물고 싶은 마음이 생겼다. 35km면 자전거 여행이라 하기엔 다소 짧은 거리였지만, 서두를 게 없는 여행자가 아닌가.

아침 식사를 위해 7시에 밖으로 나가 보니 안개가 자욱했다. 설령 출발 준비를 일찍 마쳤더라도, 시야가 확보되지 않아 길을 나설 수 없는 상황이었다.
'일찍 나서지 않길 잘했네.'
그렇게 거창하지는 않았지만, 제대로 갖춘 아침 식사는 여행 이후 처음이었다. 토스트 몇 장을 굽고, 쟁반에는 볶음밥과 계란프라이 두 개를 담았다. 죽도 한 그릇 챙겼다. 어제 점심부터 호텔 식당에서 식사했는데, 주방장의 손맛이 입맛에 꼭 맞았다. 처음엔 식사량이 조금 과하다 싶었지만, 빈 그릇이 그 모든 것을 말해 주었다.

식당을 나서니, 어제저녁에 도착한 승합차 네 대가 출발 채비를 하고 있었다. 탑승객들 대부분이 목에 쌍안경을 걸고 있었고, 곳곳에서 대형 망원 렌즈가 반짝였다. 승합차에 적힌 'Wild Bird Eco'를 검색해 보니, 이 지역의 다양한 새를 찾아다니는 프로그램이었다. 세상에는 취미만큼이나 그 취미를 즐기는 방법과 프로그램도 참 다양했다.

생각보다 안개는 일찍 걷혔다. 평소보다 느긋하면서도 꼼꼼하게 출발 준비를 했다. 비록 거리는 짧지만, 마음가짐만큼은 여느 때와 다르지 않았다. 어제 담요를 가져다준 직원에게 감사 인사를 건네고, 8시 30분경 숙소를 나서 차이프라칸을 향해 페달을 밟았다.

초반에는 1~2%의 완만한 내리막이 길게 이어져 달리기 편했다. 이러다 너무 일찍 숙소에 도착하는 게 아닐까 하는 생각이 들 정도였다. 그래서 속도를 늦출 겸, 길가에 예쁘게 진열된 꽃집 앞에 잠시 멈춰 서기도 했다.

이 지역은 귤이 많이 나는지, 도로변에 귤 노점이 줄지어 있었다. 살까 말까 망설이며 지나가다 결국 멈춰 섰다. 그동안 상점 앞에 붙어 있던 숫자의 의미가 궁금했는데, 직접 사 보니 그것이 kg당 가격임을 알게 됐다. 1kg에 50밧(2,000원)짜리 귤을 몇 개 까먹은 뒤 다시 길을 나섰다.

속도를 늦춰 가고 있었지만, 이른 시각에 숙소에 닿을 것이 확실했다. 시간을 조금 더 때울 곳을 찾던 중, 휴게소 이정표가 눈에 들어왔다. 마침 화장실이 필요했기에 잘됐다 싶었다. 휴게소에는 무료 화장실과 세븐일레븐, 파이브, 카페까지 갖춰져 제법 규모가 있었다. 아침을 먹은 지 채 3시간도 지나지 않았지만, 진열된 먹거리를 보니 허기가 슬며시 밀려왔다. 그래도 지금은 먹을 때가 아니다 싶어 카페를 둘러보니, 대부분의 메뉴 가격이 80밧(3,200원)으로 만만치 않았다. 베트남과 라오스 물가에 익숙해진 탓인지 태국 물가가 비싸게 느껴졌다. 결국 10밧(400원)짜리 와플 두 개를 사서 귤과 함께 먹었다.

휴게소에서 쿠쿠 포레스트 캠프까지는 10km가 채 되지 않았다. 이후 도로는 산악지대로 접어들며 오르막과 내리막이 번갈아 이어졌다. 한동안 달리다 보니, 주변과는 어울리지 않게 우뚝 솟은 산이 시야를 가득 채웠다. 마치 거대한 거인이 작은 나그네의 길목을 떡하니 가로막고 있는 듯했다. 다시 출발하기가 어려워,

숨이 차오르는 오르막길에서는 좀처럼 자전거를 멈추지 않는 편이지만, 그 풍경을 남기고 싶어 수고로움을 감수했다. 고도를 올릴수록 시야는 더 멀리 트였고, 주변 풍경은 한 폭의 그림처럼 또렷하게 펼쳐졌다.

쿠쿠 포레스트 캠프 입구를 찾지 못해 근처 편의점 아저씨에게 위치를 물으니, 그가 바로 캠프의 사장 보이(Boy, 부르기 편하다고 붙인 이름)라고 했다. 그의 아내 긱(Gig, 태국어로 귀엽다는 뜻)의 안내를 받아 2~300m 남짓한 완만한 언덕을 오르니, 오두막을 닮은 숙소가 모습을 드러냈다. 침구를 준비하는 데 30분쯤 걸린다고 해서, 편의점으로 다시 내려와 보이와 이런저런 이야기를 나누었다.

보이는 방콕 출신으로, 이곳 날씨와 깨끗한 물이 마음에 들어 3년 전 이사를 와 캠프 운영을 시작했고, 편의점 문을 연 지는 1년이 되었다고 했다. 지나온 팡과 앞으로 갈 치앙다오 그리고 오늘 묵을 차이프라칸의 규모를 물으니, 도시 규모로는 치앙다오, 팡, 차이프라칸 순이고, 경제 규모로는 팡이 치앙다오보다 크다고 했다. 실제로 팡을 빠져나올 때 보니, 매장의 종류와 크기가 다른 도시보다 확실히 큰 것 같았다.

보이와 이야기를 나누는 사이, 숙소 정리를 마친 긱이 점심을 차려 주었다. 보이가 추천한 볶음밥을 주문하며, 장기 여행자의 얇은 지갑 사정을 내세워 양은 곱빼기로 부탁했다. 식사는 편의점 옆 연못가 식탁에서 했는데, 물빛이 놀라울 만큼 맑았다. 보이의 말이 과장이 아님을 그대로 보여 주는 풍경이었다.

식사 후 숙소로 향했다. 그곳은 원두막 마루 위에 대나무를 엮어 만든 돔 형태의 방을 얹어 놓은, 소박하면서도 기발한 구조였다. 나중에 보이에게 물으니 그가 직접 고안한 것이며, 굳이 이름을 붙이자면 '버드하우스(Bird House)'라 했다. 그렇다면 오늘 밤 나는 새가 되어 저녁 바람을 날개 삼아 자연 속에서 잠들게 되는 걸까.

샤워를 마친 뒤 바닥에 몸을 뉘었다. 대나무 틈새로 스며든 바람이 온몸을 감쌌다. 마치 옛날 외갓집 대청마루에 누워 있는 기분이 들었다. 가로막는 벽 하나 없는, 사방이 열린 공간에서만 느낄 수 있는 한가롭고도 조금은 무료한 듯한 기운이 온몸에 번져 갔다.

오후 3~4시쯤 도착하겠다던 샌더가 5시가 넘어도 나타나지 않아, 편의점 앞 길가에서 기다렸다. 마침 마을로 들어오는 승용차가 지나가기에, 운전사에게 자전거 타고 오는 이를 보았느냐 물었더니 고개를 저었다. '더 늦겠구나' 싶어 휴대폰을 만지작거리던 그때, 누군가 내 앞에 멈춰 섰다. 고개를 들어보니 샌더였다.
베트남 디엔비엔푸와 루앙프라방에 이어, 여기서 다시 마주하니 새삼 반가웠다. 그러고 보니 나라별로 한 번씩 인연을 이어 온 셈이다. 샌더가 텐트를 설치하는 것을 도와주고, 샤워를 마치길 기다렸다가 함께 저녁을 먹으며 이야기를 나누었다. 나중에는 보이까지 합세했는데, 알고 보니 보이는 나와 같은 나이였다. 이야기를 더 이어 가고 싶었지만, 저녁 공기가 차가워져 숙소로 돌아왔다. 이불이 더 필요할 것 같아 부탁하자, 고맙게도 긱이 깜깜한 어둠 속을 뚫고 가져다주었다. 대나무로 엮은 방이라 모기장보다 바람이 더 잘 통하는 버드하우스에서 하룻밤을 보내는 것은 꽤 낭만적이었지만, 9℃ 남짓한 이 기온에 제대로 잠을 잘 수 있을지 걱정스럽기도 했다.

그저 목적지에 닿는 것만이 여행의 전부는 아니다. 길 위에서 만난 풍경과 사람 그리고 예상치 못한 순간들이 모여 여행의 하루가 완성되는 것이다. 내일은 또 어떤 길이 펼쳐질지, 누구와 마주치게 될지 알 수 없지만, 오늘 밤만큼은 차가운 공기 속에서도 대나무 벽 사이로 드나드는 바람과 별빛을 이불 삼아, 세상에서 가장 자유로운 여행자가 되어 잠들고 싶다.

차이프라칸의 스페셜 킴

아침에 버드하우스의 문을 열고 나서니, 어제저녁에 보이가 말한 대로 하얀 서리가 내려 있었다. 따뜻한 곳이라고만 여겨 왔던 이곳의 서리는 낯설기도 했다. 아무튼 어제 햇볕에 말려 두었던 옷가지들을 미리 버드하우스 안으로 들여놓길 잘했다.

캠프 곳곳에는 오랫동안 이곳을 지켜 온 듯한 나무들이 아침 공기를 머금고 평화롭게 서 있었다. 나중에 보이에게 확인해 보니, 우리나라에서 '용안'이라 부르는 롱간나무였다(라오스에서는 랑삿이라고 한다). 태국 북부는 기후와 토양이 롱간 재배에 적합해 치앙마이와 치앙라이, 람푼을 비롯한 지역에서 대규모로 재배되고 있으며, 전체 생산량의 대부분이 이곳에서 나온다고 한다. 그래서인지 이 지역 풍경 속에서 롱간나무는 낯선 손님이 아니라 오래전부터 함께 살아온 이웃처럼 자리하고 있었다. 캠프 뒤편으로는 봉긋한 산이 하늘을 받치듯 서 있었고, 그 꼭대기에는 부처님의 사리를 봉안한 불탑(Phra That Triratna Chedi)이 순백의 자태로 아침 햇살을 받고 있었다.

아침 풍경이 예뻐서, 보이에게 페이스북 메시지를 보내 7시로 예정된 아침 식사 시간을 30분 늦춰 달라고 부탁했다. 그 사이 카메라는 쉴 새 없이 주변 경치를 담았고, 액션캠의 타임랩스 기능으로 일출이 연출하는 빛의 흐름까지도 기록했다.

식사 시간에 맞춰 편의점과 식당이 있는 곳으로 내려가 보니, 샌더는 아직 기척이 없었다. 오랜만에 늦잠을 즐긴 뒤, 캠핑 장비를 꺼내 혼자서 아침을 차려 먹을 생각인 듯했다.

아침 햇살과 어우러진 풍경들이 아름다워 걸음을 멈춘 채 한동안 마음에 담아 보기도 했다. 흙길을 밟을 때마다 마음이 한결 가벼워지고, 옆으로는 맑은 시냇물이 졸졸 흘렀다. 그 물가에서 아저씨가 여유롭게 양치질을 하고 있었는데, 차이프라칸의 물이 깨끗하다는 보이의 말이 과장이 아님을 다시금 보여 주는 장면이었다.

긱이 차려 준 아침을 먹고 있는데, 맞은편의 보이가 토스트를 먹고 있길래 슬쩍 "나도 좀." 하고 손을 내밀었다. "얼마나 줄까?" 묻기에, "많으면 많을수록 좋다."고 대답했다. 그러자 보이는 잼 대신 튜브에 든 농축 우유와 함께 토스트를 건넸고, 이어서 초콜릿 튜브까지 꺼냈다. 토스트가 모자란다고 하자 "너무 많은 걸 바라네." 하며 껄껄 웃었다. 그때부터 내 별명은 '스페셜 킴'이 되었다. 재미있고 별나다는 이유에서였다.

처음엔 커피를 마시지 않겠다며 차를 부탁했다가, 중국차에도 카페인이 있을 것 같아 "연한 커피로 바꿔 줘." 하고 말을 바꾸자, 보이는 또다시 "스페셜 킴"을 연발하며 웃었다. 덕분에 여행을 시작한 이후 처음으로 커피 맛을 보게 되었다. 보이는 언젠가 삶에 지친 사람들이 이곳 차이프라칸의 조용하고 깨끗한 공기 속에서 쉴 수 있는 공간을 만들 계획이라고 했다. "그럼 내가 첫 손님이 되겠다."라고 하자, 그는 웃으며 한 번 더 말했다. "스페셜 킴!"

그렇게 보이와 한참 수다를 나누다 떠날 채비를 하러 다시 버드하우스로 돌아왔다. 마음 같아서는 하룻밤 더 머물고 싶었지만, 그렇다고 이곳의 모든 정취를 온전히 품어 갈 수는 없는 노릇이라 생각했다. 아쉬울 때 떠나는 법. 언젠가 다시 오면 될 일이라 생각하며 천천히 짐을 꾸렸다. 어쩌면 이곳에서 맞이한 단 한 번의 아침만으로도, 이미 이 여행이 품어야 할 풍경과 온기를 가슴속에 가득 채웠는지도 모른다.

동행
(차이프라칸 – 치앙다오)

아침 10시에 하룻밤 머물렀던 6번 버드하우스를 떠나 자전거를 끌고 편의점으로 내려갔다. 텐트를 정리하고 있던 샌더에게는 편의점에서 만나자고 했다. 샌더가 올 때까지 보이, 긱과 대화를 나누면서 인스타그램 아이디도 주고받았다. 떠나기 전에 감사의 의미로 구글에 후기도 멋지게 달았다. 내용을 확인한 보이가 마음에 들어 하는 눈치여서 장난삼아 실수로 후기 내용이 반대로 올라간 것이라고 하니 또 "스페셜 킴"을 연발했다. 보이에게서 전문가가 제작한 캠프의 광고 영상도 받았는데, 드론으로 항공 촬영을 한 캠프의 풍경이 무척 인상적이었다. 뒤에 도착한 샌더도 대화에 합세했다가 다 같이 기념 촬영을 하고는 10시 30분경에 아쉬운 마음을 뒤로한 채 차이프라칸의 쿠쿠 프레스토 캠프를 출발했다.

오늘 목적지는 치앙다오(Chiang Dao)인데, 염두에 둔 숙소까지는 42km가량 되었다. 샌더가 앞장서서 시작부터 오르막인 107번 도로를 달리기 시작했다. 자전거 여행에서 동행 라이딩은 유럽 자전거 여행까지 합쳐도 오늘이 처음이다. 그리고 짧은 거리이기는 하나, 오늘이 6일 연이어 자전거를 타는 날이기도 하다.

나보다 훨씬 무거운 짐을 싣고 가는데도 샌더는 무척 빨랐다. 간격이 서서히 벌어지기 시작하다가 헤어핀 구간에서 샌더의 모습이 사라져 버렸고, 1km가량을 오르자 나를 기다리고 있는 샌더를 발견할 수 있었다. 천천히 따라갈 테니 나를 기다리지 말고 제 속도를 유지하라고 했다. 경사가 4~7% 정도인 5km의 오르막 구간을 오르고 나니 길 양쪽에 부처님을 모신 곳이 있었다.

'오늘도 안전한 여행이 되게 해 주십시오.'

이후 7km가량이 내리막이었다. 게다가 그늘 길이라서 아주 상쾌한 기분으로 내려갈 수 있었다. 다시 1.5km 정도의 오르막을 올랐고, 그렇게 1시간 정도를 달리니 주행 거리가 15km가량 되었다. 제법 긴 오르막도 있었던 점을 감안하면 3시간 안에 치앙다오에 도착할 수 있을 것 같았다. 그것은 샌더를 따라가려고 초반에 숨을 헉헉대며 오르막을 오른 덕분이었다. 아마 최근 몇 년간의 라이딩 중에서 최고로 열심히 페달을 밟았던 것 같다. 계속해서 샌더의 모습은 보이지 않았다.

마을을 지나다가 노점상 몇 곳에서 동그랗게 생긴 뭔가를 팔고 있는 것을 보고는 궁금해서 잠시 멈춰 살펴보니 수평으로 자른 나무에 손잡이를 부착해 놓은 것이었다. 생김새는 꼭 북 같았는데, 소재는 나무라서 그 용도를 짐작하기 어려웠다.

얕은 오르막을 오른 후 초콜릿바를 하나 먹으며 잠시 쉬었는데, 이정표를 보니 치앙마이까지 78km였다. 오전에 달리면서 치앙마이까지의 거리가 세 자리에서 두 자리 숫자로 바뀐 것이었다.
'샌더는 한 번도 쉬지 않고 계속 달리고 있나?'

숙소까지 2km를 남겨 둔 시점에 샌더가 왓츠앱으로 메시지를 보내왔다. 벌써 도착한 것 같아 내용은 보지 않은 채 열심히 달렸다. 그런데 숙소에 도착해서 메시지를 확인해 보니 17km 떨어진 곳에서 보낸 것이었다. 샌더는 그곳에서 쉬면서 나를 기다리고 있었고, 나는 그런 샌더를 보지 못한 채 지나쳐 버린 것이었다. 샌더가 도착할 때까지 기다리면서 근처 식당에서 오후 1시 30분경에 볶음밥으로 점심을 먹었다.

내가 치앙다오에 도착한 지 1시간쯤 지난 시각에 샌더가 도착했다. 아직 점심을 먹지 못한 상태여서 내가 식사를 한 곳으로 데려갔다. 먼저 음료수로 목을 축이고 있던 샌더에게 근처 현금지급기에서 돈을 찾아오겠다고 하곤 잠시 다녀와 보니 샌더의 식탁 앞에 빈 그릇이 보이질 않았다. 그새 식사를 다 했는가 싶어 물어보니 나와 함께 먹을 것이라고 기다리고 있었다는 것이었다.
'아뿔싸!'
그제야 내가 샌더를 기다리면서 식사를 먼저 했다고 말하곤 서둘러 음식을 주문하려 했는데, 때마침 식당 주인과 종업원이 식사

중이라, 샌더가 그들이 식사를 마칠 때까지 기다리겠다고 했다. 결국 샌더는 오후 3시가 넘어서야 쌀국수로 점심을 먹을 수 있었다.
 '쏘리.'

 숙소의 리셉션을 찾지 못해 전화를 걸었더니, 돌아온 대답은 빈방이 없다는 것이었다. 다른 숙소를 찾아보려는 순간, 샌더가 왓츠앱의 '동남아 자전거 여행자' 단체 채팅방에서 알게 된 야영장을 추천했다. 그곳은 홈스테이도 함께 운영하고 있어, 텐트가 없는 나는 방에서 묵으면 되는 일이었다. 뜻밖에 야영장에서 하룻밤을 보내게 되었다는 설렘을 안고 전화를 걸어 예약을 마쳤다. 베트남을 시작으로 나라가 바뀔 때마다 e심을 교체해 왔는데, 이번 태국 e심은 전화 통화까지 가능해 참 다행이었다.
　식당에서 가까운 슈퍼에 들러 물과 아이스크림 두 개를 포함한 간식을 샀다. 아이스크림을 샌더와 나눠 먹고, 이후 4km가량 떨어진 홈스테이로 이동했다.

　예약한 홈스테이는 해발 2,175m, 태국에서 세 번째로 높은 루앙치앙다오 산기슭에 자리하고 있었다. 도착을 약 1km 앞두고부터는 흙길이 이어졌다. 구글 지도가 안내한 진입로를 찾기 어려워 전화를 걸자, 홈스테이를 운영하는 오잉(Oing)이 오토바이를 타고 마중을 나왔다.
　홈스테이가 자리 잡은 넓은 초원 한쪽에 우뚝 서 있는 루앙치앙다오산을 바라보자 '정말 잘 왔다!'는 생각이 절로 들어 이곳을 추천한 샌더에게 감사 인사부터 먼저 건넸다.

한동안 샌더와 함께 감탄사를 쏟아 내다 각자 잠자리 준비에 들어갔다. 샌더는 다른 야영장도 염두에 두고 있었지만, 초원 어디서든 텐트를 칠 수 있고 아침 식사까지 포함해 250밧(10,000원)이라는 말에 다른 곳은 살펴보지 않고 나와 함께 이곳에 머물기로 한 것이었다.

샤워를 마치고 잠시 쉬다가, 오잉이 만들어 준 쌀국수로 샌더와 함께 저녁을 먹었다. 처음에 저녁 식사가 가능한지 묻자, 오잉은 휴대폰 화면으로 쌀국수 사진을 보여 주며 30밧(1,200원)이라고 수줍게 말했다. 보아하니 오잉은 이곳의 전담 요리사는 아닌 듯했다. 샌더가 "돈은 더 낼 테니 양을 많이 달라."고 하자, 오잉은 환하게 웃으며 고개를 끄덕였다. 맛있게 식사를 마친 후 가격을 묻자, 그냥 됐다며 돈을 받지 않았다.

사실 오잉은 처음 도착했을 때부터 작은 호의를 베풀었다. 샌더가 250밧(10,000원)인 야영장 사용료를 내기 위해 1,000밧(40,000원) 지폐를 건네자 잔돈이 없다고 했고, 이어 내가 숙박료로 1,000밧 지폐를 따로 내자, 내가 낸 돈만 받고는 샌더는 200밧(8,000원), 나는 800밧(32,000원)만 받겠다며 환하게 웃어 보였다.

식사를 마치자, 오잉이 별 구경을 하자고 했다. 하늘을 올려다보니 이미 수많은 별들이 제자리를 잡고 있었고, 그렇게 또렷하게 빛나는 금성은 처음이었다. 오잉과 샌더는 'Star Walk2' 앱으로 별자리를 하나씩 확인했고, 샌더의 도움으로 나도 앱을 설치해 별자리를 찾아보았다. 익숙한 오리온자리와 페가수스자리는 금세 눈에 띄었지만, 북두칠성만은 끝내 찾을 수 없었다. 아마도 이곳에서는 겨울밤 북쪽 하늘에 낮게 걸린 탓에, 산자락 어딘가에 몸을 숨기고 있었던 모양이다.

나중에는 카메라 앱의 Expert Raw 기능으로 별자리 사진을 찍어 보았는데, 조금 더 확인해 보니 별자리 위치까지 알려 주었다. 이번 여행을 통해 많이 보고, 또 많이 배우고 있다. 샌더는 칼 세이건(Carl Sagan)의 'Pale Blue Dot' 유튜브 영상도 소개해 주었다. 광활한 우주 속에서 지구는 겨우 '창백한 푸른 점'에 불과하며, 그 위에서 벌이는 우리의 다툼과 욕심이 얼마나 사소한지, 그리고 이 작은 별을 지켜야 할 책임이 우리 모두에게 있음을 일깨우는 내용이었다.

어제에 이어 오늘도 이런 생각이 많이 들었다.
'여행 오길 정말 잘했어!'
사파에서 첫 밤을 보낼 때만 하더라도 이런 날이 오리라고는 전혀 예상하지 못했는데 말이다.

루앙치앙다오산과 함께한 아침

여행 중 전혀 예상치 못한 곳에서 마주한 가슴 벅찬 순간을 '대박'이라 한다면, 타톤과 차이프라칸에 이어 치앙다오에서의 시간도 그 이름에 조금도 모자람이 없었다.

동이 트기 전, 방문을 열고 대청마루에 서니 옅은 안개가 루앙치앙다오 산허리를 감싸고 있었다. 드넓은 평지 위에, 태국에서 세 번째로 높은 산이 마치 하늘과 대지를 잇는 기둥처럼 홀로 우뚝 서 있었다. 넓게 뻗은 잔디밭 가장자리에는 롱간 나무들이 고요히 줄지어 서 있었고, 그 한가운데 샌더의 주황색 텐트가 이른 아침 풍경 속에서 작은 불씨처럼 은근한 온기를 더하고 있었다. 한쪽에는 수형이 웅장한 나무 한 그루가 고송(古松)처럼 우아하면서도 당당한 자태를 뽐내고 있었다.

해가 떠오르면서 서서히 붉게 물들기 시작한 루앙치앙다오산과 그 위를 유유히 흐르는 구름이 연출하는 풍경은 자연이 섬세한 붓질로 완성한 한 폭의 수채화였다.

방으로 돌아와 넓은 대청마루에 짐을 풀어 정리했다. 아침 햇살이 부드럽게 번져 와, 연일 수고한 라이딩 옷들을 2층 입구 난간에 걸어 놓았다. 창문을 활짝 열어 하룻밤 머문 방에도 햇살을 초대했다.

아침 식사를 마친 뒤, 애창곡을 틀어 놓고 대청마루에 길게 누웠다. 발끝 너머로는 잔디밭과 롱간 나무 그리고 그 뒤로 웅장하게 선 루앙치앙다오산이 한눈에 들어왔다. 순도 100%의 신선함이 온몸에 스며드는, 그야말로 자전거 여행자만이 누릴 수 있는 호사스러운 망중한이었다.

다음에는 이곳에 텐트를 꼭 가져오리라. 창문 대신 풀잎 사이로 스미는 바람을 느끼고, 지붕 대신 별빛 아래서 잠들고 싶다. 떠나고 싶은 마음이 생길 때까지, 오롯이 이 산과 아침의 품에 안겨 머물리라.

논길 옆 작은 야영장
(치앙다오 – 매탱)

샌더와 함께 닭죽과 토스트로 아침을 든든히 채운 뒤, 대청마루에 누워 여유를 즐기고 나서 출발 준비를 했다. 오늘의 목적지는 매탱(Mae Taeng)이다. 치앙마이에서 40~50km 떨어진 이곳은 여행을 준비하며 알게 된 자전거 투어 프로그램에서 소개한 곳이다. 유명한 왓반덴이 자리한 마을로, 치앙마이까지 불과 70여km를 남겨 둔 시점이라 서두를 필요가 없었다. 텐트를 대여할 수 있는 야영장을 찾아낸 뒤, 오잉에게 부탁해 출발 전에 예약까지 마쳐 두었다.

11시 20분, 출발에 앞서 오잉과 기념사진을 찍었다. 2월 7일부터 16일까지 열흘간 이 근처에서 열리는 세계적인 히피 축제, 샴발라(Shambhala) 소식도 전해 주고, 어젯밤 별 구경도 함께한, 순박하고 친절한 오잉과 인사를 나누고 빈방이 없어 하루 더 머물지 못하는 아쉬움을 뒤로한 채 매탱을 향해 길을 나섰다.

샌더와 함께하는 동행 라이딩 이틀째, 그리고 연속 라이딩 7일째 날.

오늘도 샌더는 먼저 치고 나갔고, 나는 간격이 벌어지지 않도록 안간힘을 쓰며 페달을 밟았다. 홈스테이에서 약 1.5km 구간은 흙길, 거기서 1km를 더 달려 107번 도로에 합류했다. 목적지까지는 37km였다. 첫 오르막에서 물을 한 모금 마시며 잠시 숨을 골랐다. 학창 시절 무릎을 다쳐 구기 종목은 할 수 없다는 샌더의 말이 도무지 믿기지 않을 만큼 그는 빨랐다.

출발한 지 한 시간쯤 지났을 무렵, 어느 식당 앞 나무 그늘에 낯익은 자전거 한 대가 기대어 있었다. 다행히 이번엔 그 주인을 놓치지 않았다. 앞서가는 샌더를 또 놓치면 안 된다는 생각에, 내내 주위를 살피며 달린 보람이 있었다. 아침에 루앙치앙다오산을 배경으로 바라본 구름만큼이나 하얗고 예쁜 구름이 푸른 하늘을 꾸미고 있었다.

시속 20km 남짓의 속도로 달리자, 남은 거리가 빠르게 줄었다. 숙소까지 10여km를 남긴 갈림길에서 샌더가 왼쪽 길을 추천했다. 오프로드가 조금 있지만, 경치는 더 좋다는 샌더의 말 그대로였다. 시멘트길, 자갈길, 흙길, 심지어 붉은 황톳길까지 이어지는 변화무쌍한 길이 마치 여행의 보너스 같았다. 논이 펼쳐진 곳에서 샌더가 자전거를 멈추더니, 내 사진을 찍어 주었다. 이번 여행에서 최고로 마음에 드는 사진이었다.

숙소까지 3km 남짓 남은 곳에서 점심을 해결하기로 했다. 길옆 작은 식당의 인심 좋은 주인아주머니는 배고픈 나그네를 그냥 보내지 않았다. 그릇을 먼저 비운 샌더에게 국수를 한 번 더 내어 주었고, 나도 넉넉한 양을 받았다. 국물은 진했고, 면은 부드러웠다. 이곳에선 국물 한 숟가락에도 인심이 담겨 있었다. 식당 안에는 워크숍을 온 호주 출신 아저씨도 앉아 있었는데, 이런 시골 마을에서 서양인을 마주하니 묘하게 낯설었다.

숙소에 도착하니 체육 교사로 일하다 은퇴했다는 틱(Tik)이 반갑게 맞아 주었다. 번역기를 사이에 두고 이런저런 이야기를 나누었다. 숙소는 야영장이라기보다는 전원주택 같은 분위기였다. 내가 묵을 텐트는 이미 오두막에 설치돼 있었고, 샌더는 그 옆 빈자리에 텐트를 직접 쳤다. 숙박료는 손님이 스스로 정해 내는 '헌금(donation)' 방식이었는데, 우리는 치앙다오 숙박비와 식사 서비스를 감안해 금액을 정했다. 샤워 시설의 불편함과 틱의 친절함 사이에서 냉정하게 금액을 정하기가 쉽지 않았다.

야영장에선 식사가 제공되지 않아, 틱의 오토바이를 빌려 샌더가 운전대를 잡았다. 2km 떨어진 세븐일레븐과 Big C에서 장을 보고, 샌더는 라오 맥주까지 챙겼다. 숙소로 돌아오는 길에 저녁거리를 사 오려 했지만, 마땅한 식당을 발견할 수 없었다. 그런데 고맙게도 샌더가 나를 데려다준 뒤 혼자 다시 나가서 맛있는 쌀국수를 사 왔다.

샌더가 자리를 비운 사이, 틱은 2모작 농사 이야기를 꺼냈다. 1모작 때는 모를 심고, 2모작 때는 드론으로 볍씨를 뿌린다고 했다. 틱이 그 모습을 담은 사진과 영상을 보여 주었고, 젊은 교사 시절의 사진들도 꺼내 놓았다. 제복 차림의 사진이 있어 묻자, 태국 선생님은 제복도 입는다고 했다. 사진 속의 틱은 지금보다 훨씬 젊고, 또 강인하고 멋진 인상을 풍기고 있었다. 저녁 무렵, 틱의 아내 까이(Kai)와도 인사를 나눴다. 부부는 오늘 밤 캠핑카에서 잘 예정이라고 했다.

샌더가 이번에는 내가 국수를 맛있게 먹는 모습을 카메라에 담아 주었다. 순박해 보이는 모습이 앞서 논에서 찍었던 사진보다 마음에 더 와닿았다. 사진 속에는 나조차 잊고 있던, 꾸밈없이 환하게 웃는 얼굴이 담겨 있었다.

시골 논길 옆 작은 펜션에 놀러 온 듯한 분위기 속에서, 매탱의 밤은 조용히 깊어 갔다.

마침내 치앙마이
(매탱 – 치앙마이)

새벽 무렵, 야영장 앞 논은 짙은 안개에 잠겨 있었다. 잔잔한 호수를 바라볼 때면 수면 아래 어딘가에 비밀이 숨어 있을 것만 같은 기분이 들 듯, 안개 속에도 그런 알 수 없는 신비로움이 감돌았다.

틱과 까이는 캠핑카에서 주말의 늦잠을 즐기고 있었다. 연못의 물빛이 탁해 안을 들여다볼 수는 없었지만, 일렁이는 물결로 보아 제법 굵은 녀석들이 아침을 맞이하고 있었다. 어제 처마 아래서 별빛을 받으며 하루를 마무리한 자전거는 서리 샤워를 하고 있었다.

아침 7시를 넘겨 일어난 틱 부부와 샌더는 각자 아침 준비에 나섰다. 나는 전날 세븐일레븐에서 사 둔 빵과 딸기우유를 탁자 위에 올려놓고, 까이가 건네준 따끈한 생강차를 홀짝였다. 내 아침 준비는 이미 끝났으니, 다른 이들의 요리가 완성되면 그저 숟가락만 슬쩍 얹을 참이었다. 할 줄 아는 요리라곤 라면뿐인 여행자의 은근한 얌체 짓이라고나 할까.

까이는 다용도 오븐에 고구마를 찌고 있었고, 그 옆에서는 샌더가 오트밀을 끓이고 있었다. 잘게 썬 사과를 냄비에 먼저 데친 뒤 우유를 부어 함께 끓이고, 숟가락으로 저으며 오트밀을 넣는 손길이 능숙했다. 가끔 우유에 말아 먹을 때의 거칠고 퍽퍽한 맛과는 달리 사과의 아삭함과 오트밀의 부드러움이 조화를 이룬 훌륭한 영양식이었다. 아마도 오랜 여행 끝에 터득한 샌더의 비법인 것 같았다. '집에 돌아가면 나도 저렇게 해 봐야겠다.'라는 마음으로 눈여겨봐 둔 요리법을 머릿속에 다시 정리했다.

태국에서는 음식 준비가 대개 여성의 몫인 듯, 남자가 요리하는 모습이 신기했던 까이는 그 장면을 동영상으로 찍으며 웃었다. 그사이 틱은 오토바이를 타고 아침 시장에 다녀와 주먹밥과 돼지꼬치구이 등을 사 왔다. 덕분에 식탁 위에는 각양각색의 음식이 한가득 차려져, 아침부터 작은 잔치가 벌어졌다.

아침 식사 후, 처갓집에 간 아내와 영상 통화를 하다 장모님께 인사를 드리기도 했다. 며칠 전 무안공항 참사 소식을 접하시고는, 외국에 나갈 생각은 아예 하지도 말라는 당부 전화를 바로 하셨다고 한다. 하지만 그때는 이미 맏사위가 자전거를 타러 출국한 뒤였으니, 걱정이 이만저만이 아니셨을 터. 아내가 안심시켜 드리려 전화를 한 것이었다. 잘 지내고 있다고 말씀드렸더니, 화면 속 맏사위 얼굴을 확인하신 장모님은 조금은 안심하신 듯했다. 그래도 마지막에는 "항상 조심하시게."라는 말씀을 몇 번이고 반복하셨다.

떠날 준비를 할 즈음 까이의 요청으로 방명록을 남기고 헌금통에 소정의 숙박비도 넣었다. 그리고 떠나기 전에 넷이서 기념사진을 찍었다. 환갑이 넘은 틱은 우리를 친구라고 불렀고, 까이는 또 놀러 오라고 했다. '또 오라는 말보다 더 와닿는 배웅 인사말이 있을까'라는 생각을 뒤로한 채, 틱의 야영장을 떠났다.

평화롭고 전원적인 풍경이 아름다운 이곳에 온 것은 행운입니다. 친절하고 따뜻한 틱과 까이 덕분에 하루를 잘 보내고 갑니다. 다음에는 황금빛으로 빛나는 들판 풍경과 함께하고 싶군요.

오늘 이동 경로는 이 군이 예전에 치앙마이에서 치앙다오로 달렸던 길을 반대로 따라가는 코스였다. 치앙마이로 향하는 1001번 도로에 합류하기 전까지 이어진 4034번 도로는 이 군이 강력히 추천한 길이었다. 실제로 달려 보니 '태국의 환상 자전거길'이라 불러도 아깝지 않을 듯했다. 왕복 2차선 도로는 차량이 드물었고, 길옆으로 펼쳐진 풍경은 한 폭의 평화로운 그림이었다. 자전거 여행을 하기에 이보다 더 좋은 길이 또 있을까 싶었다. 자전거 여행자에게 태국만큼 좋은 나라도 드물다는 점에서, 2년째 세계를 달리고 있는 샌더와 내 생각은 하나였다.

중간에 지름길로 접어들었다가, 마치 낙동강의 함안칠원보를 떠올리게 하는 핑강의 보를 건너기도 했다. 양쪽 끝에는 낮은 차단

봉이 가로막고 있어 자전거를 들어 옮겨야 했지만, 이것 역시 하나의 이색 경험이었다. 4034번 도로로 합류하여 달리면서 로열 치앙마이 컨트리클럽을 지나기도 했다. 이번 여행에서 만나 본 골프장은 이곳이 처음이었다. 태국은 아시아의 골프 관광 허브로 자리잡았는데, 매년 수많은 외국인 관광객이 골프를 치러 찾아온다. 북부 역시 예외는 아닌데, 치앙마이와 치앙라이 지역에는 멋진 경관 속에 자리한 이름난 골프장이 많다.

샌더가 1km쯤 앞에서 쉬고 있다는 메시지를 보내왔다. 부지런히 페달을 밟아 도착해 보니, 그늘막 아래에는 운동 기구 몇 개가 놓여 있었고, 맞은편에는 아담한 사원이 자리하고 있었다. 샌더는 늘 앞장서서 길을 잡아 주고, 이렇게 한적하고 그늘 좋은 휴식처까지 미리 찾아 준다. 덕분에 나는 그저 페달만 밟으면 되는, 편안한 동행의 호사를 누리고 있다.

저지 뒷주머니에서 곡물 에너지바를 꺼내 한입 베어 물고, 한국에서는 본 적이 없는 딸기 환타 한 병으로 달콤한 휴식을 즐겼다. 시계는 오후 1시를 막 넘긴 참이었고, 치앙마이 숙소까지는 약 30km가 남아 있었다. 아침과 간식으로 이미 든든해진 배 덕분에 점심은 건너뛰기로 했다.

휴식 이후, 시속 30km 가까운 속도로 달리는 샌더의 뒤를 바짝 따라붙었다. 연이어 8일째 페달을 밟다 보니 허벅지가 제법 단련된 걸까, 5년 전 유럽 자전거 여행 때처럼 속도감이 붙었다. 샌더는 종종 구글 지도가 안내하는 길 대신 다른 경로를 골랐는데, 신기하게도 그 길은 늘 차량이 적고 달리기 편했다. 동행이 주는 또 다른 편리함이자, 안심하고 따라갈 수 있는 이유였다.

치앙마이에 가까워질수록 도로 양옆의 건물들은 점점 높아지고 다채로워졌다. 시골 마을의 낮은 지붕 대신, 유리창이 반짝이는 상가와 카페 간판이 이어졌다. 사거리에서 직진 신호를 기다리는데, 우리나라 고속도로 입구나 정체 구간에서 군밤을 파는 풍경처럼 이곳에서도 도로 한편에 꼬치를 굽거나 과일을 파는 사람들이 있었다.

마침내 치앙마이의 상징인 사각형 해자가 눈앞에 펼쳐졌다. 잔잔한 물 위로 분수들이 힘차게 물줄기를 뿜어 올리고, 가장자리를 따라 다듬어진 잔디가 가로수 그늘에서 단정하게 이어졌다. 해자를 건너는 작은 다리와 주변 화단에는 형형색색 꽃들이 만발했다. 이곳까지 달려오느라 지쳤던 다리의 피로가 봄눈 녹듯 사라졌다.

해자 둘레 도로를 따라가자, 상점과 카페들이 줄지어 나타났다. 깔끔하고 세련된 신축 건물과는 전혀 다른, 오래전부터 치앙마이의 일원으로 숨 쉬어 온 낡은 건물들이 묘하게 발길을 붙잡았다. 거리 곳곳의 사람들 얼굴에는 여유와 행복이 배어 있었고, 느릿한 걸음과 잔잔한 미소가 거리를 부드럽게 감싸고 있었다. 왜 많은 이들이 치앙마이를 관광지가 아닌 휴양지로서 추천하는지 알 것 같았다.

오후 2시 무렵, 숙소로 정한 'The Guest Hotel & Hostel' 입구에 도착한 우리는 서로를 향해 하이 파이브를 했다. 손끝에 전해진 것은 땀과 열기만이 아니라, 함께 견뎌 내고 완주해 낸 여정에 대한 뿌듯함과 동행에 대한 감동이었다.

베트남 사파에서부터 이어진 길고 굽이진 여정 속에서 맞닥뜨린 수많은 오르막과 예기치 못한 우회로들. 그 모든 순간이 한 장의 파노라마처럼 스쳐 갔다.

"웰컴 투 치앙마이!"

기쁨도 잠시, 2층에는 호스텔을, 3~4층에는 호텔을 운영하는 이곳에 빈방을 문의하니 돌아온 대답은 '만실'이었다. 샌더는 이미 호스텔의 공용 침실을 예약해 둔 상태였지만, 이전 샌더와의 대화에서 "굳이 예약할 필요 없다."는 말을 들었던 터라, 샌더와 함께 지내겠다는 생각에 따로 예약해 두었던 다른 호텔을 취소한 채 무작정 따라온 결과였다. 아마도 내가 잘못 알아들었던 모양이다.

급히 아고다 앱으로 근처 숙소를 검색했지만, 평점과 가격 모두 만족스러운 곳은 없었다. 결국 그곳의 16개 침대가 다닥다닥 놓인 공용 침실 2층 침대를 쓰기로 했다. 지금까지 거의 독실만 사용하다가, 방 가득한 이층 침대들을 마주하니 '여기서 과연 지낼 수 있을까?' 하는 불편함이 불쑥 올라왔다. 그래서 체크인을 마친 뒤에도 한동안 다른 숙소를 뒤져 보기도 했다.

그러다 예전 산티아고 순례길에서 머물렀던 알베르게가 떠올랐다. 그때도 이런 분위기였지만, 나름 즐겁게 지내지 않았던가.

　마지막 라이딩을 마치고 조용히 편안한 휴식을 취하겠다는 바람은 사라져 버렸지만, 이마저도 또 하나의 좋은 경험이 될 거라 생각했다.

　'이건 여행을 거듭하며 조금은 단단해진 내 마음의 증거 아닐까?'

　샤워를 마친 뒤, 샌더가 구글 지도는 잠시 접어 두고 그냥 발길 닿는 대로 시내를 걸어 보자고 제안했다. 아직 해가 완전히 지기 전이라 거리는 부드러운 햇살에 물들었고, 건물 벽과 가로수 그림자가 길게 드리워졌다. 노점의 꼬치구이 냄새가 퍼졌고, 상점 앞 진열대에는 알록달록한 과일들이 햇빛을 받아 반짝였다. 우리는 특별한 목적지도 없이 그 속을 천천히 걸었다.

　건너뛴 점심 대신 레몬티와 태국 전통 요리인 톰얌꿍으로 이른 저녁을 해결한 뒤, 그동안 수고한 다리를 위해 포근한 음악이 흐르는 속에서 마사지를 받았다. 섬세한 손길이 근육의 뭉침을 풀어 주자, 지친 마음까지도 함께 풀리는 듯했다.

　숙소로 돌아온 후 바깥 테이블에 나란히 앉아 캄보디아로 향하고 있는 이 군에게 전화를 걸었다. 셋이서 영어로 대화를 나누었는데, 이 군은 몸살감기에서 한결 회복되어 오늘 라오스 우돈타니에서 남쪽으로 100km 넘게 달렸다고 했다. 한참 이야기를 나눈 뒤, 내일 또 100km 이상을 달릴 이 군 그리고 오늘 치앙마이에 입성한 샌더와 나는 각자 휴식을 취하러 아쉬운 대화를 마무리했다.

　여행을 시작한 지 27일 만에, 마침내 최종 목적지인 치앙마이에 도착했다.

　사파에서의 첫날밤, 리무진 버스 창밖으로 내려다본 가파른 경사길에 압도되어 곧장 집으로 돌아갈 항공편을 검색했던 기억이 아직도 생생하다.

　평화롭고 한가로운 시간을 보냈던 루앙프라방에서도, 불현듯 밀려온 외로움에 지쳐 집으로 돌아가고 싶은 마음이 간절했던 순간이 있었다.

　그런데도 이곳까지 무사히 올 수 있었던 건 따뜻한 격려를 보내 준 블로그 이웃들, 길 위에서 만난 사람들, 숙소와 멋진 길 등 많은 여행 정보를 안겨 준 이 군, 태국에서 마지막 4일을 함께 달린 샌더 그리고 전화와 영상 통화로 늘 힘을 실어 준 가족 덕분이었다.

　혼자 달려온 줄 알았지만, 돌아보니 내 곁에는 누군가가 늘 함께하고 있었다.

　세상엔 혼자 하는 여행은 없다.

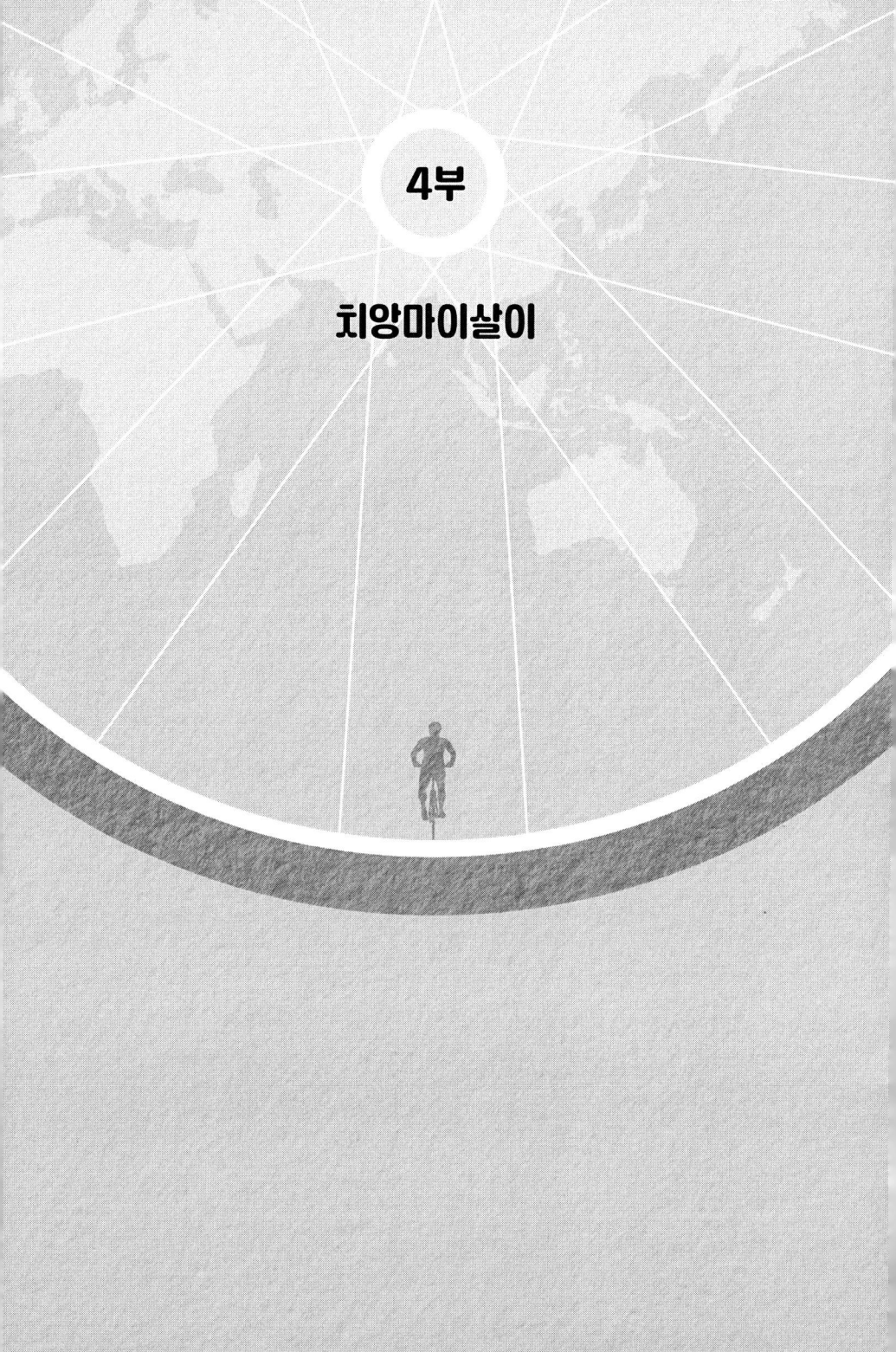

4부

치앙마이살이

재정비

어제 치앙마이로 열심히 달려온 덕분에 침대에 누우면 금세 곯아떨어질 줄 알았다. 그런데 웬일인지 눈만 말똥거릴 뿐, 잠은 오지 않았다. 곰곰이 생각해 보니 저녁에 마신 레몬차에 카페인이 들어 있었던 모양이었다. 도미토리 2층 침대 위에서 이리저리 뒤척이며 시간을 보냈다. 옆 침대에서 누군가 코를 골아 이어폰을 꽂고 음악을 들었고, 새벽 1시가 넘어서야 들어온 다른 여행자는 뭘 그리 찾는지 한참 동안 부스럭거렸다. 그렇게 잠을 설치다 잠깐 눈을 붙였던 것 같고, 다시 깨어 보니 새벽 5시 30분이었다.

더는 잠이 오지 않아 1층 휴게실로 내려가 글을 쓰며 아침을 맞이했다. 리셉션 앞에는 새벽부터 길을 나서는 여행자들이 하나둘 모여들었다. 그중 여린 체구의 여행자가 짊어진 배낭은 마치 고스란히 짊어진 인생의 무게만큼이나 무겁게 보였다. 안뜰에 세워 둔 샌더와 내 자전거는 초원에서 한가로이 풀을 뜯는 말들처럼 오랜만의 휴식을 누리고 있었다.

치앙마이의 첫 아침을 맞이하러 밖으로 나섰다. 이제는 내가 사는 도시의 반듯한 도로보다도 더 익숙해진 골목길을 따라 걸었다.

농키아우와 루앙프라방에서 그랬듯, 이곳 치앙마이에서도 아침 달리기를 즐기는 사람들을 만날 수 있었다. 그중 나란히 달려가던 한 쌍의 남녀는 뛰는 자세와 복장 등을 고려할 때, 굳이 묻지 않아도 우리나라 달림이라는 것을 단번에 알 수 있었다.

도시를 감싸는 사각형 모양의 해자 길을 따라 걷는 도심 외곽의 아침 산책은 더할 나위 없이 좋았다. 머리 위로는 달빛과 불 켜진 가로등이 함께 어우러져, 그 순간이 밤에서 낮으로 옮겨 가는 과도기임을 알려 주고 있었다. 햇살을 받은 성벽의 붉은 벽돌은 란나 왕국의 찬란했던 시절을 은은히 떠올리고 있었으며, 아침 풍경을 더욱 깊게 물들였다.

8시에 샌더와 함께 아침 식사를 했다. 토스트와 커피, 과일이 기본으로 나오고, 계란프라이, 베이컨, 오믈렛 중에서 하나를 선택할 수 있는 알찬 구성이었다. 이런 식단이 숙박비에 포함되어 있다는 사실만으로도 이곳이 '가성비 좋은 숙소'라는 걸 실감할 수 있었다. 식당 안에는 나처럼 혼자 온 여행객뿐 아니라 친구나 가족과 함께 온 다양한 연령대의 사람들이 자리하고 있었다. 그중 나이가 지긋해 보이는 여행자를 바라보며, 어제 이곳에 도착했을 때 낯선 분위기에 적응하지 못해 나만의 공간을 찾아 헤매던 내 모습이 겹쳐 떠올랐다.

'저렇게 연세가 드신 분도 잘 지내고 계시는데.'

샌더의 자전거 뒷바퀴를 수리하러 가기 위해 11시에 숙소 앞에서 만나기로 약속한 뒤, 2층 침대에 올라가 몸을 뉘었다. 밤새워 뒤척인 탓에 피곤이 몰려왔다. 도미토리 안에는 아직 깊은 잠에 빠진 사람, 막 잠에서 깨어난 사람, 서둘러 짐을 꾸려 떠날 채비를 하는 사람 등 저마다의 리듬으로 아침을 맞이하고 있었다.

11시 약속 시각에 맞춰 짐을 챙겨 체크아웃을 했다. 구심에서 약 5km 떨어진 자전거 수리점에 들러 샌더의 뒷바퀴 스포크 교체가 가능한지 물으니, 새 부품이 도착하는 시간까지 감안하면 수리에만 17일이 걸린다고 했다. 물류 체계가 이렇게까지 더딜 줄은 미처 예상하지 못했다. 샌더는 600~700km가량의 북부 산악지대를 순환하는 매홍손 루프 라이딩을 준비 중이어서, 무엇보다 자전거 상태가 확실히 보장되어야 했다. 그래서 바퀴 전체를 새것으로 교체하는 방법도 고려했지만, 그것조차 19일이나 소요된다고 했다. 게다가 내일(월요일)은 휴무, 오늘은 다른 작업이 밀려 있어 빠르면 화요일에야 점검을 받을 수 있다고 했다.

한편, 이번 치앙마이 입성을 끝으로 앞으로는 장거리 자전거 여행은 무리라는 판단이 선 나는 비싼 항공 운임료를 치르며 자전거를 되가져갈 이유가 없었다. 그래서 수리점 주인에게 처분할 방법을 물었더니, 돌아온 답은 '중고점 외에는 없다'는 것이었다. 샌더가 구글 지도로 근처 중고 자전거점을 검색해 찾아가 보니, 주인은 3,000밧(120,000원)을 제시했다. 그 말을 들은 샌더는 터무니없는 가격이라며 고개를 저었고, 우리는 다른 곳을 알아보기로 했다. 주인에게 다시 오겠다는 인사를 남기고, 근처 세븐일레븐에서 빵과 환타로 간단히 허기를 달랜 뒤 해자 안쪽 구심으로 향했다.

숙소 근처에서 샌더와 작별한 뒤, 오늘 묵을 도지 하우스로 이동해 체크인을 하고는 곧장 쉬었다. 복잡한 호스텔을 벗어나 혼자만의 공간에서 여유를 누리니 비로소 숨이 트이는 기분이었다.

점심은 건너뛰고, 리셉션의 바스(Bass)에게 물어 근처 빨래방으로 향했다. 빨래방은 처음이라 두리번거리다 옆에 앉아 있던 청년에게 도움을 청했다. 세제 두 봉지 10밧(400원), 찬물 세탁 40밧(1,600원). 그렇게 우여곡절 끝에 세탁을 시작할 수 있었다. 청년이 직원인 줄 알고 이것저것 물어봤는데, 알고 보니 그 역시 손님이었다. 20여 분 후 세탁이 끝나자 이번에는 다른 아저씨가 건조기 작동을 도와주었다. 덕분에 땀에 절었던 라이딩복들이 100밧(4,000원)으로 제 모습을 되찾았다.

돌아오는 길에 세차장에 들러 나그네도 목욕시켰다. 거품을 묻혀 문질러 주고, 높은 수압으로 묵은 때를 씻어 낸 뒤, 공기 펌프로 물기를 털어 냈다. 채 20분도 안 되어 자전거는 반짝반짝 새것처럼 변신했다. 60밧(2,400원)을 들여 청소한 보람이 있었다.

옷도 빨고 자전거도 씻었더니, 그동안 눈을 가려 불편했던 머리도 다듬고 싶었다. 너무 짧게 자르지 말 것과 두피염이 있으니 조심해 달라고 부탁한 뒤 나머지는 이발사에게 맡겼다. 생각보다 조금 짧았지만 단정했다. 가격은 200밧(8,000원)이었는데, 머리도 감겨 주지 않고 면도도 해 주지 않는 것치고는 비싼 것 같았다.

리셉션에서 소개해 준 숙소 근처 식당에서 저녁을 해결했다. 볶음밥 위에 채소, 견과류, 버섯 등 다양한 재료가 어우러진 요리였다. 어제에 이어 오늘도 타이 마사지를 받았다. 이번에는 1시간 30분짜리로, 어제보다 30분 더 길었다. 라인 앱까지 설치한 뒤, 이 군이 소개해 준 곳에 연락했지만 더디게 돌아온 건 '오늘은 자리가 없다'는 답장뿐이었다. 대신 구글 평점을 보고 찾아간 Siri Lanna 마사지숍은 기대 이상이었다. 식당과 마사지숍이 모두 숙소 근처에 있어 편했다.

저녁 8시가 넘은 골목에는 꼬마들과 엄마가 술래잡기 놀이를 하고 있었다. 가족의 다정한 풍경을 바라보다, 까마득히 잊고 지냈던 골목의 정서가 불현듯 되살아났다. 골목은 이웃사촌이 정을 나누던 사랑방이었고, 아이들의 웃음소리가 가득한 놀이터였으며, 모퉁이에서는 늦게 돌아오는 자식을 기다리는 어머니의 발걸음이 머물던 자리이기도 했다. 그러나 정겹던 골목은 대부분 재개발의 이름 아래 사라졌고, 대신에 넓고 반듯한 차도가 그 자리를 차지해 버렸다. 이미 우리에게서는 멀리 흩어져 버린 풍경이지만, 이곳에서 다시 느끼게 된 골목의 촉감은 잔잔한 온기를 품어 내듯 마음을 따뜻하게 감싸 주었다.

그렇게 치앙마이에서의 두 번째 밤이 깊어 갔다.

해자 따라 아침 산책

새로운 한 주가 시작되었다. 어느새 2025년의 스무 번째 날이다. 성큼성큼 흘러가는 세월의 빠르기를 새삼 실감하게 된다.

오늘은 치앙마이의 상징 같은 사각형 해자를 따라 한 바퀴 걸어 보기로 했다. GPS로 재 보니 6.4km 남짓, 그러니까 한 변이 약 1.6km쯤 되는 셈이다. 내가 머무는 도지 하우스는 해자 안쪽 북서쪽에 자리해 있어, 서쪽 변을 따라 남쪽으로 내려가며 반시계 방향으로 발걸음을 옮겼다.

7시 무렵의 선선한 공기는 걷기에 제격이었다. 해자 위 다리에는 나팔꽃이 활짝 피어 있었고, 분수대는 힘차게 물줄기를 뿜어내며 아침을 깨웠다. 길가의 스프링클러는 쉼 없이 물을 뿌리며 흙 내음과 풀 내음을 자아내고 있었다.

1월 하순의 치앙마이는 의외로 아침저녁으로 서늘해, 등굣길 학생들 가운데는 후드티 차림도 제법 눈에 띄었다. 반면 오전 11시부터 오후 3시 사이에는 햇볕이 따갑지만, 습도가 높지 않아 그늘에 들어서면 크게 덥지 않았다.

해자의 남동쪽 모퉁이에는 치앙마이 게이트 시장이 있었다. 마침 배가 고프던 터라 잘됐다 싶었다. 노점에서 5밧(200원)짜리 작은 카스텔라와 20밧(800원)짜리 바나나를 샀다. 가지고 있던 동전 24밧(960원)을 내밀자, 인심 후한 할아버지께서 1밧(40원)을 웃으며 깎아 주셨다. 옆 노점에는 구운 개구리까지 진열되어 있어, 시장의 다채로움이 단박에 전해졌다.

시장 안으로 들어가니 규모가 생각보다 컸고, 진열대마다 물건들이 가득했다. 따끈한 찰밥이 눈에 들어오는 순간, 갑자기 허기가 확 밀려왔다. 옆 사람이 사는 것을 슬쩍 지켜보다가 검지로 찰밥을 가리키니, 한 공기 분량을 비닐봉지에 담아 건네주었다. 그 자리에서 바로 주먹밥을 뭉쳐 먹을 수 있을 듯했다. 값은 10밧(400원)이었다. 한국에서 라면이나 편의점 삼각김밥 가격에도 못 미치는 금액으로 한 끼 식사가 가능하다고 생각하니 배부른 부자가 된 기분이 들었다.

원래는 카스텔라와 바나나, 찰밥으로 아침을 해결하려 했는데, 국수를 먹는 사람들을 보자 본능적으로 빈 의자에 앉고 말았다. 짭조름한 돼지 국수를 삼삼한 찰밥과 곁들이니 집에서 '밥과 국'으로 차려진 식탁에 앉은 듯한 익숙함이 느껴졌다. 덕분에 배부르게 속을 채웠다.

든든한 포만감으로 다시 길을 걸었다. 왠지 정겹게 다가오는 목조 건물을 카메라에 담고, 아침 햇살을 가득 머금은 다리 위의 꽃들도 담았다. 도로를 달리던 빨간 송태우는 치앙마이라는 도시의 색감을 가장 잘 보여 주는 듯했다.

해자의 동쪽 변을 걷다 보니 사람들이 모여 있는 곳이 눈에 띄었다. 가까이 다가가니, 이름만 들어 왔던 타패 게이트였다. 성벽 일부와 함께 성문이 온전히 남아 있어, 옛 치앙마이의 기운을 지금까지 전하고 있었다. 광장 한쪽에서는 관광객들이 비둘기 떼와 함께 기념사진을 찍으며 아침 풍경을 재미있게 꾸미고 있었다.

길을 조금 더 걷자, 한 가게 앞에 아날로그 저울들이 크기별로 층층이 쌓여 있었다. 둘러본 시장과 상점에서는 디지털 저울을 본 적이 거의 없었다. 무게를 달 때마다 바늘이 움직이며 눈금을 가리키는 그 단순한 방식이 오히려 정겹게 다가왔다. 저울 하나에도 이 도시가 간직한 인간적인 온기가 배어 있는 듯했다.

꽃은 그 자체만으로도 아름답지만, 풍경의 일부가 되어 전체와 어우러질 때 더욱 빛난다. 슬레이트 지붕의 목조 카페 처마에 매달려 있던 꽃은 주변과 조화를 이루며 한 폭의 수채화를 완성하고 있었다. 해자의 동쪽 변에는 다리를 놓지 않은 채 고요히 물을 가둬 놓은 구간도 있었는데, 그 고즈넉한 풍경이 운치를 더했다.
어제저녁 늦게까지 손님들로 붐볐을 법한 식당은 아침 햇살 속에서 달콤한 휴식을 즐기고 있었다. 해자를 따라 걷는 동안 만난 사람들과 상점들을 살펴보니, 서쪽과 남쪽 변에 비해 동쪽과 북쪽 변은 한결 조용했다. 특히 북쪽 변은 서쪽 모서리에 다다를 때까지 상점은 거의 보이지 않고 주택가로 향하는 좁은 골목만 이어져 있어, 잠시 도시의 활기가 끊긴 듯 휑한 기운마저 느껴졌다.

다시 서쪽 변에 이르자 체육관에서 울려 퍼지는 힘찬 기합 소리가 귀를 사로잡았다. 아침부터 수십 명이 무예타이를 연습하고 있었는데, 여성들이 의외로 많았다. 동작 하나하나가 단련된 솜씨여서, 취미라기보다는 생활 그 자체로 자리 잡은 듯 보였다. 이곳에 머무는 동안 무예타이를 배우는 외국인들도 꽤 있는 모양이었다.

그렇게 해자를 한 바퀴 돌며 시장에 들러 식사까지 하고 나니 어느새 1시간 50분이 흘렀고, 발걸음은 7km를 채웠다. 아직은 낯설기만 한 치앙마이지만, 오늘의 걸음은 이 도시의 리듬에 조금씩 동화되는 과정 같았다. 내게는 단순한 산책이 아니라, 이곳과 천천히 친해져 가는 '아침 마실'이었다.

소포로 열쇠 보내기

새로운 숙소인 DP하우스에 체크인한 뒤 짐을 정리했다. 며칠간 머물 예정이라, 당분간은 아침마다 부랴부랴 짐을 쌀 수고를 들 수 있다는 사실만으로도 마음이 한결 가벼웠다. 잠시 쉬고 나서야, 차이프라칸의 쿠쿠 포레스트 캠프에 열쇠를 보내야 한다는 것이 떠올랐다. 보이와 한참 이야기꽃을 피우고는 웃으며 헤어진 뒤, 꽤 달려온 후에야 저지 뒷주머니에 6번 버드하우스 열쇠를 넣고 온 것을 알아차린 것이었다.

급히 페이스북 메시지를 보냈다.

"보이야, 내가 깜빡하고 열쇠를 갖고 와 버렸네. 어떡하지?"

곧 답장이 왔다.

"영, 괜찮아. 치앙마이에 가면 우체국에서 보내 주면 돼."

잠시 후, 주소까지 보내 주었다.

찾아간 스리품 우체국은 우리나라와 크게 다르지 않았다. 직원들은 정갈한 근무복을 입고 있었고, 실내는 깔끔하게 정돈되어 있었다. 영어가 가능한 직원이 친절하게 응대하며 작은 종이 상자에 열쇠를 넣고 포장까지 직접 도와주었다. 앞면과 뒷면에 각각 받는 사람과 보내는 사람의 주소, 전화번호를 적고 나니, 절차는 금세 끝났다. 빠른 등기는 42밧(1,680원)으로 하루 만에 도착한다고 했고, 일반 소포는 27밧(1,080원)에 며칠이 걸린다고 했다. 42밧을 지불하고 영수증과 배송 추적 번호를 받았다.

우체국을 나오며 페이스북 메시지로 보이에게 상자와 영수증 사진을 보내 주자, 곧바로 고맙다는 답장이 도착했다. 작은 실수 덕분에 태국 우체국 체험을 하게 된 셈이다. 여행이란 결국 이런 자잘한 번거로움조차 새로운 경험으로 바꾸어 놓는 과정이 아닐까.

매홍손 루프에 나서는 샌더에게 응원을

어젯밤, 샌더와 함께 매파스리 식당에서 저녁 식사를 했다. 새 숙소에서 1.3km쯤 떨어진 곳이었는데, 도착해 보니 규모도 크고 깔끔했다. 어떻게 알았냐고 묻자 지나가다 우연히 발견해 전날 점심을 먹어 봤는데, 괜찮아서 오늘 약속 장소로 골랐다고 했다. 주위를 둘러보니 우리나라 관광객들도 여럿 보였고, 네이버 검색 결과 역시 '치앙마이 맛집'으로 소개된 곳이었다.

식사 자리에서 샌더는 내일 아침 자전거 수리점에서 바퀴를 최종 점검한 뒤 곧장 매홍손 루프에 도전할 계획이라고 했다. 이미 몇 차례 언급했던 매홍손 루프를 이쯤에서 잠시 정리해 본다. 치앙마이에서 출발해 빠이(Pai), 매홍손 그리고 태국 최고봉 도이인타논(2,565m)을 거쳐 다시 치앙마이로 돌아오는 총 661km의 코스다. 전체 획득 고도가 무려 12,880m로써, 지리산을 여섯 번 이상 오르는 셈이다. 하루 100km를 달린다 해도 일주일은 걸리고, 중간에 휴식일을 넣으면 내 출국일인 2월 1일 이전에 돌아오기 어려울 것 같았다.

이야기는 내 자전거 처분 문제로 자연스럽게 흘렀다. 샌더의 도움으로 왓츠앱과 페이스북 마켓플레이스(중고 거래)에 자전거를 매물로 올려 두었다. 여행이 끝나면 더는 장거리 라이딩은 어렵겠다는 생각이 굳어지고 있어서, 이제는 다른 누군가에게 이 자전거가 이어지기를 바라는 마음이었다.

샌더가 〈Vidas Pasadas〉라는 영화를 소개해 주었다. 한국계 미국인 감독 셀린 송의 데뷔작으로, 어린 시절 친구였던 두 사람이 20년 만에 재회하면서 사랑과 운명, 삶의 선택을 돌아보는 이야기였다. 제목의 뜻은 스페인어로 '지난 삶들'인데, 인연과 운명, 과거와 현재가 얽혀 있다는 의미다.

그러던 중 샌더가 한글 단어를 기억해 내려고 애를 썼다. '인천'과 비슷한 발음인데 잘 떠오르지 않는다며 한참을 고민하다가 결국 '인연'을 생각해 냈다. 그런 뒤 웃으며 "우리가 디엔비엔푸에서 만나 루앙프라방을 거쳐, 여기 치앙마이까지 이어진 것도 인연이자 운명 아니겠냐."고 했다. 자전거라는 매개로 묶인 두 여행자의 길이 그렇게 겹쳐 있었다. 이어 내가 노사연의 〈만남〉을 왓츠앱으로 보낸 뒤, 첫 소절을 함께 들었다.

우리 만남은 우연이 아니야
그것은 우리의 바램이었어

가사는 무심히 흘렀지만, 두 사람 모두 알았다. 이 길 위에서의 만남이 그저 가벼운 우연만은 아니라는 것을.

식사를 마친 뒤, 한국에서는 나이 많은 사람이 식사비를 계산한다며 내가 저녁값을 치렀다. 샌더와는 내일 점심도 함께하기로 했다. 내일 식사가 어쩌면 함께하는 마지막 식사가 될지도 모른다는 사실이 식당을 나서는 발걸음을 괜히 무겁게 만들었다.

이튿날, 숙소에서 아침을 먹고 노트북을 챙겨 치앙마이대학교로 향했다. 캠퍼스 규모는 상상 이상이었다. 정문에는 중앙 분리대를 가득 채운 꽃들이 화려하게 맞아 주었고, 50m 길이의 실외 수영장과 창원운동장을 능가하는 주경기장이 눈앞에 펼쳐졌다. 농구장과 축구장이 곳곳에 있는 것도 인상적이었다.

농업 드론이 이륙을 준비하는 모습이 보여 잠시 구경한 후 농대 앞 카페 'Blue Coffee'에서 블루라테를 시켜 놓고, 2월 초까지 제출해야 하는 프로젝트 계획서를 써 내려갔다.
점심 무렵, 자전거 수리를 끝내고 대학교를 향해 막 출발했다는 샌더의 연락을 받았다. 샌더의 자전거 이동 경로를 고려해 약속 장소를 어디로 할지 묻는 서툰 영어도 샌더는 어김없이 알아들었다. 정문 앞에서 샌더를 기다리다, 멀리서 다가오는 그의 모습을 카메라에 담았다. 몇 번이나 약속 장소를 정해 놓고 만났었지만, 멀리서 다가오는 장면을 제때 바라본 건 처음이었다.

우리는 자전거로 1.3km쯤 이동해 푸드 코트에서 점심을 먹었다. 이동 중에 내 휴대폰이 거치대에서 떨어져 하마터면 뒤따라오던 오토바이에 밟힐 뻔했는데, 주워 든 샌더가 내뱉은 한마디가 웃음을 자아냈다.

"Almost die!"

샌더는 햄버거와 다른 요리 두 가지를 더 주문했다. 나는 쌀국수를 시켰다가 파스타가 맛있어 보여 하나 더 얹었다. 자전거 여행자의 식욕은 늘 예상을 웃돈다. 어느새 나도 한 가지 메뉴로는 부족해졌다.

샌더는 매홍손 루프를 위해 수리점에 노트북과 짐을 일부 맡겨두었다고 했다. 그래서인지 리어랙 위 가방이 한결 가벼워 보였다. 덕분에 짐의 무게를 5kg가량 줄일 수 있었다고 했다.

주변에 있던 여학생에게 부탁해 푸드 코트 앞에서 기념사진을 남겼다. 아마도 함께 찍는 마지막 사진일 것 같았다.

대학교 정문을 나선 뒤 시내 방향으로 함께 달리다, 샌더는 매림(Mae Lim) 쪽으로 좌회전했다. 나는 자전거에서 내려 그의 뒷모습을 카메라에 담았다.

'무사히 잘 다녀와라.'

저녁 무렵, 샌더에게서 메시지가 왔다. 치앙마이에서 60km 떨어진 야영장에 도착했는데, 주인인 목사님이 저녁 식사에도 초대하고 나중에는 집 안에서 묵을 수 있도록 배려해 주었다고 했다.

점심때 나를 만나기 전까지 여러 곳을 이동하던 중에 펑크가 두 번이나 나는 바람에 경황이 없어 식사 후 곧장 떠난 것을 미안해 했다. 그러면서도 짐이 가벼워진 덕분에 내가 떠나기 전에 치앙마이에 돌아올 수 있을 것 같다는 희망적인 말을 덧붙였다. 이에, 첫날부터 행운이 따르는 것 같다며, 안전한 라이딩을 하라고 당부하며 내가 떠나기 전에는 치앙마이에 꼭 돌아왔으면 좋겠다고 했다.

어제 저녁 식사를 마치고 숙소에 도착할 즈음에 샌더가 저녁을 사 줘서 고맙다는 메시지를 보내왔다. 답장을 보내면서 앞으로는 나를 '형'이라고 부르라 했다. 지금까지는 이름의 일부분을 따서 '영'이라 불렀었다. '형'은 단순히 나이 많은 사람을 부르는 말이 아니라, 가까운 사이에서 건네는 따뜻한 한국식 호칭이라는 걸 설명해 주었다. 샌더는 오늘 점심 약속을 정하며 나를 '형'이라 부르기 시작했다.

10년만 젊었어도, 아니, 5년만 젊었어도, 아니, 심방세동이란 부정맥만 앓지 않았어도 샌더와 함께 매홍손 루프를 도전했을 텐데.

잘 다녀와라, 샌더.
Fighting!

자전거로 최고 높은 곳에 오른 날

7시가 조금 지난 시각, 숙소 식당에서 아침 식사를 했다. 오늘이 두 번째인데, 토스트에서부터 쌀과 국수까지 제법 다양한 메뉴가 마련돼 있었다. 두 번 모두 내가 첫 손님이었기에, 아무도 손대지 않은 음식들을 접시에 담을 때는 왠지 기분이 좋았다.

토스트와 시리얼은 어제 세븐일레븐에서 사 둔 바나나우유와 곁들이니 한결 맛있었다. 이어질 도이수텝 라이딩을 생각해 충분히 배를 채웠다. 식당 한쪽 벽면의 모니터에서는 꽃과 풍경이 어우러진 영상이 흘러나왔는데, 유튜브 채널 'Healing with Nature'였다. 화면 속 꽃 그림만으로도 마음이 차분히 가라앉으며 힐링이 되는 듯했다.

도이수텝(1,676m)은 인근의 도이뿌이(1,685m)와 함께 도이수텝-뿌이 국립공원을 대표하는 산으로, 산허리에는 치앙마이의 상징과도 같은 프라탓 도이수텝 사원이 자리하고 있다. 국내 자전거 애호가들이 치앙마이에 오면 꼭 한 번은 오른다는 코스로서 블로그와 유튜브를 통해 익히 접했던 길이기도 했다. 나 역시 그 코스를 경험해 보고 싶었고, 사흘 동안 먹기만 한 나머지 운동이 필요하기도 해서 나그네를 타고 나갔다.

  구글 지도에서 'Doi Suthep'을 목적지로 설정하니 숙소에서 약 24km 떨어져 있었다. 8시 20분경 숙소를 나섰는데, 도이수텝으로 향하는 길은 어제 다녀왔던 치앙마이대학교 방면과 같아 굳이 내비게이션에게 의지할 필요가 없었다. 3km 지점에서 마야몰을 지나고, 4.5km 지점에서는 치앙마이대학교 정문을 스쳤다. 정문 앞부터는 소문대로, 프라탓 도이수텝 사원까지 오르는 송태우들이 줄지어 손님을 기다리고 있었다.

  며칠 쉬었더니 나그네가 도무지 말을 듣지 않았다. 치앙마이대학교 정문 부근부터 서서히 경사가 시작되었는데, 조금 오르니 이내 땀이 비 오듯 쏟아지고 숨도 거칠어졌다. 구간별 거리나 코스 정보는 챙기지도 않은 채 도이수텝 정상까지는 오르막이 계속된다는 말만 믿고, 4~8%의 경사를 쉬엄쉬엄 오르기 시작했다.

  헬멧은 리어랙에 걸어 두고 올랐다. 오르막에서는 속도를 낼 일이 없었고, 오히려 바람을 그대로 맞으며 머리를 식히는 게 급선무였다. 그 사이, 서양 노인 한 분이, 젊은 남녀가, 그리고 로드바이크에 올라탄 날렵한 체형의 남자가 차례로 나를 추월해 갔다. 반대편에서는 땀을 식히며 내려오는 자전거들이 심심찮게 보였는데, 그중에는 생활용 자전거도 한 대 섞여 있었다.

  출발한 지 두 시간이 지나서야 전망대 휴게소에 도착했다. 다음 보급처가 어디 있을지 몰라, 보이는 대로 챙겨 먹어야겠다는 생각이 들었다. 가져간 수건으로 연신 땀을 훔치며 오렌지 주스 한 병을 단숨에 비웠다. 뒤편 전망대에서 내려다보니 치앙마이 시내가 한눈에 들어왔다. 다만 미세 먼지 탓인지 청명한 풍경을 보지 못해 아쉬웠다.

길을 다시 오르다 보니 갓길에서도 잠시 멈춰 조망할 수 있는 장소가 나왔다. 그 핑계로 숨을 고르며 도로 아래를 내려다보기도 했다. 프라탓 사원을 앞두고는 듣던 대로 깔딱 고개가 버티고 있었다. 15%에 가까운 경사를 헉헉거리며 오른 후 잠시 쉬고 있는데, 여성 라이더 한 명이 가볍게 추월해 갔다.

숙소부터 16km 거리를 세 시간 동안 꼬박 달려온 끝에 사원 정문 근처 가게 앞에서 자전거를 세웠다. 냉장고에서 꺼낸 차가운 생수를 단숨에 들이켜고, 뜨거워진 머리 위로도 부었다. 물 한 병을 더 마신 뒤, 이온음료로 남은 갈증을 달랬다. 구글 지도에 단순히 'Doi Suthep'만 찍고 올라왔던 터라, 안타깝게도 이곳이 라이딩 종점이라는 것도, 그리고 조금 전 지나친 코끼리 조형물 앞이 라이더들의 기념사진 명소라는 것도 그때는 알지 못했다.

땀을 식히고 숨을 고른 뒤 다시 페달을 밟았다. 하지만 경사는 점점 더 가팔라져 이전보다 훨씬 버거웠다. 체력이 거의 바닥나, 6~7% 경사에서도 자전거를 끌며 올라야 했다. 천천히 구르는 바퀴 소리가 체력 고갈의 신호처럼 들렸다.

가장 길고 힘겨운 구간은 10%가 넘는 오르막이었다. 그 길 위에서 서양 남자 두 명이 아무렇지도 않은 듯 이야기를 나누며 올라가더니, 마지막에는 가볍게 댄싱으로 고개를 넘는 것을 보고는 절로 감탄이 나왔다. 사이클 선수처럼 잘 다져진 근육과 안정된 자세를 갖춘 두 사람이 무척 부러웠다.

부빙(Bhubing) 궁전이 있는 마을 입구에서 한 주민에게 도이수텝 정상으로 가는 길을 물으니, 되레 내가 지나온 방향을 가리키며 사원까지는 5km쯤 된다고 했다(이때 이미 라이딩 종점을 지나온 것을 알아챘어야 했다).

"아니, 사원 말고 도이수텝 꼭대기요!"

프라탓 도이수텝 사원으로 알아들은 눈치였고, 지도를 보여 줘도 고개만 갸웃거렸다. 나 역시 확신이 없는 채, 신호조차 잡히지 않는 길을 오프라인 지도에 의지해 계속 올라갔다.

얼마 지나지 않아, 방금 그 대단한 퍼포먼스를 보여 준 두 라이더가 벌써 내려오고 있었다. 같은 세상 사람이라 믿기 어려울 만큼, 그들의 속도와 여유는 비현실적으로 다가왔.

'Viewpoint'라 적힌 간판 앞에 도착해 잠시 쉬며 발아래 펼쳐진 풍경을 내려다봤다. 지도에 표시된 정상까지는 아직 300m 남짓. 다시 자전거를 끌기 시작했다. 그리고 마침내 도착한 정상은, 아무것도 없는 내리막의 초입이었다. 오랫동안 자전거를 끌며 오른 고개에서 기다리고 있던 건 성취의 환희가 아니라 허탈감뿐이었다.

정리를 하자면, 프라탓 사원이 있던 곳이 도이수텝 라이딩의 종점이었고, 정상 전에 들렀던 곳은 도이뿌이 전망대였다. 도이수텝 정상까지 연결된 길은 애초에 없으며, 조금 전의 정상은 그저 이름 없는 언덕이었다. 따라서 도로상에는 있지도 않은 정상에 오르겠다고 도이수텝에서 도이뿌이 전망대까지 7km의 오르막을 대부분 끌며 올라온 것이었다. 막판에 허벅지 앞 근육인 대퇴사두근이 터질 것 같은 통증을 감수하면서 말이다. 이게 모두 아무 정보 없이 막무가내로 오른 탓이었다. 도이수텝의 획득 고도 770m에서 멈추지 않고 도이뿌이 전망대까지 오른 덕분에, 총 1,300m에 가까운 획득 고도를 기록할 수 있었다. 지금까지 자전거로 오른 최고 높이를 치앙마이에서 갱신하게 될 줄이야.

도이뿌이 전망대에서 도이수텝으로 되돌아가는 길은 좁고 가팔라서 조심히 내려가야 했다. 계속 브레이크를 잡고 내려갔더니 손아귀가 아팠다. 도이수텝 입구의 코끼리 앞에서 인증 사진을 남기고, 마지막 10km 넘는 내리막 구간을 거의 페달도 밟지 않고 내려가고 있는데, 그 두 라이더가 다시 오르막을 올라오는 것을 보고는 혀를 내두르지 않을 수 없었다. '저들은 사람이 아니다.'

거의 20km에 육박하는 인생 최장 거리의 내리막을 내려와 숙소에 도착한 뒤 샤워를 하곤 4시가 넘은 시각에 볶음밥과 국수 그리고 모닝글로리로 늦은 점심 식사를 하며 고갈된 에너지를 보충했다. 또 하루 종일 고생한 다리와 어깨를 풀어 주기 위해 마사지도 받았다. 이번 여행에서 오늘보다 빡센 날은 없었다.

치앙마이대학교에서의 하루

아침 식사를 마친 뒤, 소화도 시킬 겸 그동안 둘러보지 못했던 주변 골목길을 걸었다. 골목은 조용하고, 예뻤다. 곳곳에 자리 잡은 세븐일레븐으로 인해, 머지않아 사라질 것 같은 구멍가게가 눈에 밟혔다. 선선한 10℃의 아침에도 파카를 여며 입은 아가씨가 지나갔고, 홍가시나무를 닮은 나무가 햇빛에 윤슬처럼 반짝이고 있었다.

걸음을 옮길수록 이곳 치앙마이는 마치 시간이 우리보다 조금 느리게 흐르는 듯했다. 속도가 0.8배쯤 느린 세계에서 마음은 점점 고요히 잦아들었다. 골목 모퉁이에는 작은 양복점이 있었고, 삼거리에 서니 어느 쪽을 택하든 여유와 평화가 흐를 것만 같았다.

밤이 되면 불을 밝힐 예쁜 조명등 아래를 지나니, 진홍빛으로 물든 나무 한 그루가 이방인을 반기듯 서 있었다. 금요일마다 야시장이 열린다고 하니 꼭 와 봐야겠다는 생각이 들었다. 연등은 고즈넉했고, 진분홍빛 나무는 아침 햇살 속에서 더욱 붉어졌다.

오늘은 치앙마이대학교(이하 치마대)에서 하루를 보내기로 했다.

크지 않은 도시를 누비기에는 자전거만 한 게 없다. 익숙해진 마야몰을 지나 1.5km쯤 직진하니 치마대 정문이 나타났다.

소문으로만 듣던 앙깨우 호수에 들러 잠시 눈도장을 찍고는 곧장 농대 카페 'Blue Coffee'로 향했다. 호수는 일몰 무렵 다시 찾을 생각이었다. 카페 주차장에 자전거를 묶어 두고, 카운터에서 아이스 코코아 한잔을 주문한 뒤 맞은편 벽 쪽 자리에 앉았다.

Blue Coffee에서는 음료나 빵을 주문하면 2시간짜리 와이파이 쿠폰을 준다. 자리에 앉아 있으면 주문한 음료를 직접 가져다주기도 했다. 집중이 잘 되는 분위기 속에 어느새 시간이 훌쩍 흘러 와이파이 신호가 끊겼다. 이후로는 휴대폰 핫스팟을 열어 노트북 작업을 이어 갔다. 치마대에서는 일도 잘 풀려나갔다.

거의 네 시간 가까이 Blue Coffee에서 일하다 오후 1시 무렵 푸드 코트로 점심을 먹으러 갔다. 입구 왼편에는 스타벅스도 보였다. 지난번 샌더와 함께 왔을 때 눈여겨봤던 40밧(1,600원)짜리 스파게티를 주문했다. 결제는 GLN으로 하고, 바깥 식탁에 자리를 잡았다.

건너편 식탁에는 학생 열댓 명이 모여 앉아 있었는데, 돌아가며 무언가 이야기를 나누다가 이내 생일 축하 노래가 흘러나왔다. 한 남학생이 케이크의 촛불을 불어 끄자, 주변이 박수로 화답했다. 나도 덩달아 축하의 박수를 보냈다.

스파게티 양이 적어서인지 금세 허기가 다시 몰려왔다. 이번에는 45밧(1,800원)짜리 쌀국수를 주문했다. 아까와 같은 자리에 앉으면 아직도 떠들썩하게 이야기를 나누고 있는 학생들이 이상하게 볼 것 같아, 국수 가게 앞 식탁에 자리를 잡았다. 매번 느끼는 것이지만, 이곳 쌀국수는 맛은 좋으면서도 양은 적고, 국물은 늘 조금 짰다.

치마대 푸드 코트는 대학이 직접 운영하는 일종의 중앙 식당이다. 여러 개의 코너가 있어 학생들이나 이용객들이 원하는 음식을 자유롭게 골라 먹을 수 있는 시스템으로 꾸려져 있다. 재학생만 해도 3만 명이 넘는 규모니, 시민들에게까지 완전히 개방된 이곳이 웬만한 쇼핑몰 푸드 코트 못지않게 크게 운영되는 것도 이해가 갔다. 규모나 시스템 면에서 무척 인상적이었고, 특히 메뉴가 1~2개로 한정된 한국의 대부분 대학 식당과는 확연히 다른 풍경이었다.

점심을 먹은 후, 오전에 하던 일을 이어 가기 위해 도서관으로 향했다. 입구 오른편 난간에 자전거를 두고, 블로그에서 미리 알아 둔 대로 입구 PC에서 이름과 전화번호를 입력한 뒤 GLN으로 20밧(800원)을 결제했다. 옆에 놓인 작은 프린터에서 QR코드가 인쇄되었고, 그것을 입구 리더기에 찍고서야 안으로 들어갈 수 있었다.

1층 데스크 맞은편의 빈자리에 자리를 잡고 노트북을 펼쳤다. 공용 와이파이가 없어 휴대폰 핫스팟을 켜고 작업을 이어 갔다. 두 시간가량 몰입하다가 자리를 정리했는데, 호기심에 2층으로 올라가 보니 조용하고 독립된 분위기라서 혼자 일하기에는 오히려 더 적합해 보였다.

　오후 5시 즈음 앙깨우 호수 쪽으로 발걸음을 옮겼다. 가는 길에 우연히 옆의 작은 호수를 스쳐 지나며 잠시 둘러봤는데, 많은 사람들이 산책하거나 달리기를 즐기고 있었다. 본격적으로 앙깨우 산책길로 들어서자, 자전거나 오토바이의 주행이 금지되어 있어 나그네를 끌고 천천히 호숫가를 따라 걸었다.

　치마대는 올해 개교 60주년을 맞아 1월 19일부터 23일인 오늘까지 축제를 열고 있었다. 홍보판에는 연도가 불기로 표기되어 있었는데, '부처님 탄생 2568년'이라는 숫자가 낯설고도 흥미롭게 다가왔다.

　앙깨우 호수 맞은편 야외무대에서는 신나는 댄스 공연이 한창이었고, 주변은 학생과 시민, 관광객들로 붐볐다. 먹거리 판매대에서는 구수한 냄새가 풍겨 왔고, 길가에는 프리마켓이 길게 이어져 축제의 흥겨운 분위기를 더했다.

　잠시 축제를 구경한 뒤 호수를 한 바퀴 걸었다. 둘레는 약 1.7km. 해 질 녘의 물빛이 출렁이는 호수를 따라 걷다 보니 '다음에 치앙마이에 오면 숙소를 이 근처에 잡아야겠다'는 생각이 절로 들었다. 치마대에서는 산책도 하고, 일도 하고, 운동도 하고, 게다가 값싸고 맛있는 식사까지 해결할 수 있으니 말이다. 호수를 한 바퀴 돌며 지나친 법대 건물 앞 카페에서는 커피 향기가 은은히 번져 나왔고, 그곳이 치마대에서 꼭 들러야 할 명소처럼 느껴졌다.

날이 서서히 저물기 시작했다. 더 어두워지기 전에 숙소로 돌아가는 게 좋겠다 싶어 핸들바에 라이트를 달고 앙깨우 호수를 출발했다. 이번 여행의 첫 야간 라이딩이었다. 마야몰 앞 사거리에는 신호를 기다리는 사람들로 빼곡했다. 설 연휴가 시작되면 이곳이 얼마나 더 붐빌지 짐작이 갔다.

돌아오는 길, 배터리가 방전되는 바람에 라이트 없이 달려야 했다. 조심스레 페달을 밟으며 긴장했지만, 길가에 정차하려던 송태우 한 대가 갑자기 내 앞을 스쳐 간 순간을 제외하고는, 별다른 일 없이 숙소에 도착할 수 있었다.

샤워를 마친 뒤 아내와 영상 통화를 하고, 침대에 누워 남은 저녁 시간을 조용히 흘려보냈다. 점심때 두 그릇을 해치운 덕분에 앙깨우 호수 변에서 먹은 비스킷 한 봉지와 물 한 병이 저녁 식사가 되어 버렸다.

열심히 보낸 하루를 호숫가에서 마무리할 수 있었던, 치앙마이 대학교에서의 잔잔한 시간이었다.

세 번째 치앙마이대학교
그리고 휴식

갈수록 아침 식사 시간이 늦어지고 있다. 어제 저녁 식사를 건너뛰었는데도 배가 별로 고프지 않아 샐러드 위주로 가볍게 먹었다. 2층 입구 화분의 빨간 꽃이 예뻐 네이버에게 물어보니 포인세티아라고 했다.

나그네를 타고 도이수텝에다 도이뿌이까지 다녀오느라 고생한 나 자신에게 선물하려고 치앙마이대학교에 가는 길에 SKY T-SHIRT에 들렸지만, 문을 열지 않아 곧장 학교로 향했다. 이번이 세 번째라 이제 학교 가는 길은 익숙해졌다.

정문을 통과한 후 직진하면 보이는 중앙 분수대를 잠시 둘러보고 도서관으로 갔다. 학교 내부 길은 아직 눈에 들어오지 않아 구글 지도를 참고하기도 했다.

어제에 이어 두 번째 도서관 방문. 마치 그동안 숱하게 들락거린 것처럼 자연스럽게 느껴졌다. 입구 PC 단말기에서 이름과 전화번호를 입력하고 외부인으로 지정하여 방문자 등록을 했다. GLN

으로 모니터에 표시되는 QR코드를 스캔하여 20밧(800원)을 결제한 다음 소형 프린터에서 입장권을 프린트했다. 어제와는 달리 2층으로 바로 올라가서 주변을 둘러보니 두 자리씩 칸막이로 된 창가에는 빈자리가 없어 탁 트인 곳에 앉았다.

보조 모니터 없이 노트북에서 프로그램 두 개로 작업해야 하는 경우, 한 곳의 내용을 참고하여 다른 프로그램에 입력하기가 번거롭지만, 여행지에 있는 대학에서 작업을 할 수 있다는 것만으로도 만족스러웠다. 냉방으로 약간 쌀랑하여 가방 안에 넣어간 얇은 바람막이를 꺼내 입었다. 중간에 화장실 한 번 다녀온 것 말고는 줄곧 앉아 있었던 덕분에 오전 분량의 일을 모두 끝내고 푸드 코트로 갔다.

점심 식사 시간이라 세 번의 방문 중에서 이용객이 제일 많았다. 제일 안쪽 가게에서 다른 사람들이 주문하는 것을 흉내 내며 밥 종류를 시켰다. 밥을 더 추가해 달라고 하니 5밧(200원)을 더 받았다. 합은 55밧(2,200원)이었다.

식사를 하고 나니 어제 잠을 설친 탓인지 졸음이 밀려왔다. 어제저녁에 액션캠으로 사용하는 DJI Action 4의 대시보드 기능을 알게 된 후 자전거 주행 영상에 속도와 경사도 등이 표시되는 것이 신기하여 몇 개 영상을 대상으로 작업을 한 여파인 듯했다.

선선한 바람을 맞으며 식탁에 턱을 괴고 30여 분을 잤다. 가뿐해야 할 몸이 더 축 처져 아무래도 숙소로 돌아가 쉬는 것이 좋을 것 같았다. 자전거로 이동하는 것마저도 힘겹게 느껴졌지만, 막상 타고 가니 우려했던 정도는 아니었다.

숙소로 가는 길에 양쪽 팔에 큰 비닐 주머니를 두 개씩 팔에 낀 채 자전거를 타고 가는 아저씨를 보았다. 세상에는 다양한 재주를 가진 사람들이 많다는 생각과 함께, 무거운 페달만큼이나 그의 삶도 고단해 보였다.

돌아오는 길에 SKY T-SHIRT에 다시 들러 보니 영업 중이었다. 주인이 골라 준 L 사이즈 티셔츠를 295밧(11,800원)에 사서 숙소에 돌아와 입어 봤다. 시원할 것 같아 약간 까칠한 소재로 선택했었는데, 막상 입어 보니 촉감이 거칠어 입기가 불편했다. 자전거를 타고 곧장 달려가 일반 면티로 교환했다.

해 질 무렵까지 숙소에서 쉬다가 저녁 식사를 하러 나갔다. 숙소 근처에 있는 Mr. Kai에는 오늘도 대기열이 있었다. 어제는 작심하고 갔는데 휴일, 이러다간 근처에 5일간 머물면서도 그 집 음식을 맛보지 못할 수도 있겠다고 생각하며 다른 식당을 찾아 반대 방향으로 걸었다.

숙소 바로 앞에는 왓치앙만, 그 옆에는 왓람창 사원도 있는데 아직 문턱을 넘어 보질 못했다. 그러고 보니 치앙마이에서는 아직 사원을 둘러보지 못했다.

세븐일레븐을 지나 조금 걷다가 이산로스샵 식당에 들어갔다. 오래된 나무 식탁과 의자가 왠지 푸근하게 다가왔다. 치앙마이의 웬만한 식당은 구글 평점이 4점대다. 모닝글로리와 주문한 카오소이는 맛있긴 했지만 너무 짰다. 다음부터는 음식을 주문할 때 짜지 않게 해 달라고 미리 말해 주어야겠다.

숙소에 돌아와 여행 후 처음으로 영어 리스닝 공부를 하고 필사 노트에서 시 몇 편을 읽었다. 앙드레 류(Andre Rieu)가 지휘하고 세 명의 여성 가수가 부르는 〈The Rose〉도 들었다. 늘 마음이 차분해지고, 사랑과 위로가 스며드는 노래다.

치앙마이 7일째.
생활의 리듬이 여행자에서 거주자로 서서히 옮겨 가고 있다.

아침과 함께한 치앙마이 사원, 왓람창과 왓치앙만

5일간 머문 DP하우스에서 체크아웃을 하기 전에 잠시 왓람창(Wat Lam Chang)과 왓치앙만(Wat Chiang Man)을 둘러봤다.

골목길 너머 있는 왓치앙만을 먼저 둘러보려 했지만, 문이 닫혀 있어 한 블록 떨어진 왓람창을 먼저 구경했다.

입구에서 가까운 곳의 사리탑 앞에는 귀여운 코끼리 조각상이 일렬로 서서 중생을 반겼다. 사리탑을 천천히 한 바퀴 돌아보고 사원 중심으로 다가갔다. 북도 있고, 종도 있고. 북과 종을 치는 의미를 지난번 불국사에서 들었었는데, 기억이 나질 않았다. 우리나라 절에서는 보기 힘든 복층 건물 등을 보면서 마치 조각 박물관에 온 듯한 느낌을 받으며 발걸음을 옮겼다.

'태국에서 코끼리의 의미는 무엇일까?'

우리나라 절처럼 천장에 줄지어 달린 연등에는 소원을 적은 듯한 종이가 매달려 있었다. 시멘트 구조물이란 게 마음에 걸렸지만, 규모나 외양은 크고 화려했다.

법당에 들어서면서 합장했다. 벽면에는 탱화가 아니라 불경의 내용을 담은 듯한 벽화가 있었다. 옥색 유리로 보이는 재질로 만든 부처상은 특이했으며, 많은 부처님을 어떤 의미로 배치하는지 궁금했다.

법당에 들어선 김에 젊은 스님 한 분께 우리처럼 반야심경 등의 경전을 낭송하는지 여쭤보니 그렇지 않다고 하시며, 태국 불교에 관한 내용은 랏람뻥의 한국 스님께 들을 수 있다고 하셨다. 인터넷을 통해 알아보니 한국의 반야심경과 태국의 불경은 같은 불교 철학과 부처님의 가르침에 뿌리를 두고는 있지만, 종파의 차이와 역사적 전통에 따라 사용하는 경전의 내용과 강조점이 다르다고 한다. 반야심경은 대승불교의 경전으로 한국에서 널리 독송 되지만, 태국의 상좌부불교에서는 이를 직접적으로 사용하지 않고, 대신 비슷한 철학을 다른 경전에서 간접적으로 접할 수 있다고 한다.

연등 아래를 걷는 서양 남녀의 뒤를 따라 왓람창을 나섰다. 왓람창 앞 사거리 대각선 방향에 왓치앙만이 있다. 우리처럼 절이 산에 있는 것도 아니고, 바로 이웃에 다른 절이 있는데도 전혀 어색하지 않았다. 입구에선 부처님이 다양한 자세를 취하고 계셨다.
'중생들이여, 격식에 너무 연연하지 말지어다.'
대충 이런 뜻인가.
맞은편에는 예쁜 연등이 달려 있고, 법당에 들어서서 삼배를 올렸다. 부처님 뒤편 철장 안에 작은 부처님이 계셨는데, 처음에는 '그런가 보다' 하며 그냥 넘겼다. 벽화와 법당 안의 구조는 앞서 둘러본 왓람창과 비슷해 보였다. 시주함에는 QR코드가 있어 현금이 없어도 시주를 편하게 할 수 있었다.

귀여운 코끼리와 작별 인사를 나누며 법당 계단을 내려왔는데, 뭔가 놓치고 있다는 느낌을 강하게 받았다. 왓치앙만에 관련된 내용을 찾아보니 법당에는 1,800년 된 크리스텔 불상과 2,500년 된 대리석 불상이 있다는 것을 알게 되었다. 법당 좌·우측 벽면에는 두 개 불상의 내용을 설명하는 그림과 글이 있었는데, 처음엔 무슨 말인지 알아채지 못했다. 정리하자면 이렇다.

크리스텔과 대리석으로 만든 부처님은 법당 안의 대형 부처님 뒤 철장 안에 모셔져 있다. 처음에는 크리스텔이라 해서 대형 부처님 앞에 있는 부처님인 줄 알았는데, 철장 쪽으로 손짓해 준 태국 아저씨 덕분에 정확한 위치를 확인할 수 있었다. 법당을 나오면서 처음에는 보지 못한 사자를 보게 되었다.

'너는 여기서 뭐 하니? 코끼리랑 사이좋게 지내라.'

법당을 나와 코끼리가 떠받히고 있는 탑을 둘러본 뒤 옆에 있는 다른 법당에 들어갔다. 사원 곳곳에 달린 연등은 우리나라 절보다 작아서 깜찍하고 귀여웠다. 옆 법당과 달리 이번에는 벽화가 앞서 본 회화풍이 아니라 무늬와 행사 그림 등이 단색으로 그려져 있어 이질감이 덜했다. 그래도 황금 불상이나 청동 불상이 아닌 불상들은 여전히 어색했다. 또한 이 법당에는 여러 스님의 모형도 진열되어 있었는데, 태국 불교의 발자취를 남긴 분들로 보였다. 그 밑에는 세속적인 분위기를 담은 그림도 있어 무슨 의미인지 궁금했다. 법당 한편에서는 현지 가이드가 프랑스어로 서양 부부에게 뭔가를 설명하고 있었다. 아는 만큼 보이는 법이니, 이곳의 역사와 건축 등을 알고 보면 와닿는 것이 훨씬 클 것이다. 두 번째 법당을 둘러보고 연등의 배웅을 받으며 왓치앙만을 나서 숙소로 향했다.

아침에 사원을 여유로운 걸음으로 둘러본 건 잘한 선택이었다.
불상과 코끼리 그리고 연등까지 모두가 제자리를 지키고 있었다. 믿음의 모양은 달라도 평온을 바라는 마음은 같다는 생각이 들었다. 사원의 고요 속에서 내 마음도 잠시 멈춰 섰다. 여행의 끝마다 이런 고요를 얻을 수 있다면, 그것만으로도 충분히 의미 있는 여정일 것이다.

나그네와의 마지막 라이딩

자전거 여행자에게 자전거는 어떤 존재일까?

출국을 앞두고 확인한 이스타항공의 특수 위탁 화물 규정은 가로, 세로 높이의 합이 203cm이라는 것을 확인하는 순간 실망감이 밀려왔다. 일반적으로 사용하는 자전거 포장용 종이 상자는 대부분 그것보다 크기 때문이다. 하노이로 이동할 때 이용한 비엣젯항공은 김해공항의 짐캐리에서 판매하는 포장 상자(160×75×30, 합계 265cm)도 문제없이 허용했다. 그러나 이번에는 규정에 맞추려면 상자를 잘라야 했다. 치앙마이의 차이타왓(Chaitawat) 자전거점에 문의했더니, 내가 직접 그 작업을 하는 수밖에 없다고 했다. 출발 하루 전에 포장을 맡기고 이튿날 찾는 계획은 어렵게 되었다. 치앙마이 공항에서 비닐 포장(래핑)이 가능하다는 것도 알고 있었지만, 시간과 비용이 더 들 터였다.

하지만 자전거보다 더 현실적인 문제는 따로 있었다. 이번 여행을 통해, 발작성 부정맥이 있는 몸으로는 20kg이 넘는 짐을 싣고 장거리 여행을 이어 가는 것이 사실상 무리라는 판단에 이르렀다. 게다가 집에는 이미 산악자전거(MTB), 그래블(Gravel, 포장도로뿐 아니라 비포장 자갈길, 흙길, 농로, 산길 등에서도 안정적으로 달릴 수 있도록 설계된 로드 형태의 자전거) 등 네 대가 있어, 장거리 여행에나 사용하는 나그네(여행용 자전거)의 라이딩 빈도는 점점 줄어들 수밖에 없었다. 실제로 이번 여행 전까지 나그네는 5년 넘게 아파트 자전거 보관소에 묵혀 있었다.

나그네와의 인연은 2019년, 30여 일간 2,500km를 달리며 함께한 유럽 여행에서 시작되었다. 이번에도 버스 짐칸과 보트 지붕 위를 오가며 끝까지 내 곁을 지켜 준 친구였다. 그러나 현실적인 이유로, 이제는 보내 줄 때가 되었다고 판단했다.

숙소에서 지난번 샌더와 함께 들렀던 중고 자전거점까지의 마지막 라이딩을 마친 뒤, 원하던 가격보다 훨씬 적은 금액이었지만, 나그네를 가게 주인에게 넘겼다. 그렇게라도 팔지 않으면 출국 전까지 뾰족한 수가 없었다.

가게를 나와 받은 돈을 쥐고 숙소까지 약 8km를 걸었다. 나그네와 함께 달렸던 순간들이 하나씩 되살아났다.
  첫 조립을 마친 후 안민고개를 오를 때의 설렘,
  짐을 싣고 합천호를 따라 돌던 첫 장거리 라이딩,
  유럽 여행의 출발지였던 스위스 클로텐의 풍경,
  제네바의 인심 좋은 식당에서 받은 밥으로 맛있게 점심을 먹었

던 어느 시골길,
  프랑스 리옹에서 용 형과 마갈리 형수와 함께했던 고마웠던 시간,
  낭트로 향하다 벤치에 드러누워 보냈던 정오의 휴식,
  보르도에서 처음 불러 본 색소폰,
  산티아고 순례길의 시작인 생장에 도착했을 때의 감격,
  힘겹게 끌고 올랐던 용서의 언덕,
  아버지께 절을 올렸던 철의 십자가,
  마침내 산티아고 대성당,
  그리고 세상의 끝 피스테라와 묵시아까지.
  함께했던 모든 시간이 내겐 축복이었다.

나그네야, 그동안 고마웠다.
끝까지 함께하지 못해 미안하구나.
좋은 주인 만나, 또 다른 길 위를 마음껏 달려라.

치앙마이에서 맞은 두 번째 여행

설 연휴 전에 귀국할 예정이었지만, 일정을 바꾸었다. 이번 여행을 계기로 아내와 야야가 치앙마이에 한층 더 호감을 가지게 된 것 같아, 이참에 이곳에서 함께 설 연휴를 보내기로 했다. 성수기라서 항공권을 비교적 비싸게 구입해야 했지만, 가족과 함께 여행을 마무리할 수 있게 되어 좋았다.

점심 무렵에 일주일간 함께 보낼 숙소에 체크인하여 짐 정리를 마친 후 침대에 누워 잠시 졸았다. 그사이, 아내와 야야가 현지 시각 오후 4시(우리나라 시각 오후 6시)에 김해공항을 출발하는 이스타젯(Eastar Jet) ZE947편을 타고 이곳 치앙마이로 출발했다.

숙소 골목길 끝에 있는 식당에서 새우 팟타이로 저녁 식사를 하고 돌아오면서 망고스무디와 용과스무디를 사 왔다. 아내와 야야를 위한 일종의 치앙마이 웰컴 주스인 셈이었.

7시경에 숙소 앞에서 그랩 택시를 불러 공항으로 이동했다. 30여 일째 지속되고 있는 이번 여행에서 택시는 처음이었고, 그랩 사용도 오랜만이라 낯설었다. 147밧(5,880원)과 175밧(7,000원), 두 가지 종류의 요금으로 택시를 호출하니 175밧짜리 택시가 잡혔다. 차를 타기 위해 습관적으로 오른쪽 앞자리 문을 열자 운전기사가 당황했다.

국제공항 입국장 앞 의자에 앉아 오전에 다녀온 왓람창과 왓치앙만의 방문 소감을 정리하며 시간을 보내고 있으니, 도착 현황판에 아내와 야야가 타고 오는 비행편의 도착 시각이 개시되었다. 도착 예정 시각보다 15분 지연된 9시 35분에 착륙할 예정이라고 알렸다.

9시 35분경에 비행기의 착륙을 모니터로 확인하고는 휴대폰에 응원 앱을 설치했다. 문구는 이름과 함께 '웰컴 투 치앙마이'로 하고, 잘 알아볼 수 있도록 깜빡임 효과도 넣었다. 30여 분이 지나자 입국장에 낯익은 두 사람이 모습을 드러냈다. 한 달여 만에 아내와 야야를 만났지만, 매일 영상 통화를 한 덕분에 태국 치앙마이가 아니라 제주 여행을 마치고 김해공항으로 돌아오는 가족을 마중 나온 것 같았다. 잠시 셋이서 반가움을 표시하고, 그랩 택시를 불러 숙소로 이동했다.

아내는 여장을 풀면서 내가 부탁한 옷과 두피염용 약 외에도 필요한 것들을 건네주었다. 숙소의 샤워기를 교체하고, 머리도 집에서 가져온 드라이어기를 사용했다. 마치 집에 돌아온 듯한 편안함 속에서, 이제는 단벌의 자전거 여행자에서 차림새를 제대로 갖춘 관광객으로 변모하게 되었다.

　하루를 마무리하며 생각했다. 홀로 떠나온 한 달의 길은 결국 가족과의 만남을 향한 여정이었는지도 모르겠다. 나그네의 바퀴가 멈춘 자리에서 이제는 가족의 발걸음이 이어진다. 내일은 더 이상 혼자가 아닌, 셋이 함께 누비는 치앙마이의 하루가 시작된다.

우리 셋의 첫 치앙마이

야야가 정성을 들인 가족여행 1일차 계획에 따라 9시에 숙소를 나서서 'Lim Lao Ngow Fishball Noodle'까지 걸어갔다. 아내와 야야는 선선한 날씨가 걷기에 안성맞춤이라며 치앙마이의 첫 일정을 시작했다. Lim Lao에 도착하니 아쉽게도 영업을 하지 않아 근처 식당에서 닭고기덮밥과 굴 소스로 요리한 광둥식 볶음 채소로 아침 식사를 했는데, 두 사람 모두 첫 식사에 만족했다.

식당 앞에서 볼트 택시를 호출하여 찡짜이마켓으로 이동했다. 평일에는 상설 시장으로 운영되다가 주말에는 노점도 펼쳐지는 특설 시장으로 변모한다고 하는데 예상보다 규모가 컸고, 운영 시스템이 잘 갖추어져 있었다. 시장 입구의 수공예 상점들을 지나 먹거리 구역으로 이동했다. 망고스무디를 찾아다니다 수박슬러시를 발견했는데, 그 맛이 일품이었다. 80밧(3,200원)짜리 블루베리 치즈케이크와 40밧(1,600원)짜리 닭꼬치를 사서 그늘 밑에서 맛있게 먹었다. 농산물 코너를 둘러보면서 귀여운 당근도 봤다. 커피 판촉 행사가 열린 거리 양쪽의 부스에서 향긋한 커피 향이 흘러나오고 있었다. 형형색색의 꽃들이 진열된 가게 앞을 지나는데, 물

안개를 채색한 듯한 꽃들이 눈길을 끌었다. 가죽 부스에서 케이블 정리 클립을 사고 나니 왠지 기분이 더 좋아졌다. 야야는 회사 언니들 선물로 코끼리 열쇠고리를 샀다. 먹고 또 한가로이 거닐다 그늘에서 쉬기도 했다.

본래 점심 식사 일정은 냉무옵옹 식당에서 항아리 삼겹살을 먹는 것이었는데, 음식 종류가 풍성한 찡짜이마켓에서 해결하기로 변경했다. 아내와 함께 샐러드와 코코넛을 주문하는 동안 야야는 빈 식탁을 찾으러 다녔다. 식사 후 빈 그릇은 별도로 마련된 쓰레기 수거장에 버렸다. 현금인출기와 환전 부스를 운영하는 트럭을 보고는 손님들의 편의를 여러 측면에서 배려하고 있음을 느낄 수 있었다. 입구에서 기념 촬영을 끝으로 찡짜이마켓 일정을 끝냈다.

다음은 'Early Owls'에서 쉬며 강렬한 햇살이 내리쬐는 오후 시간을 보내는 것이었다. 걸어가다 야야는 아주 착한 가격에 잠옷을 사고는 싱글벙글. 방향별 사거리 녹색 신호등 시간의 차이가 컸는데, 우리가 가는 직진 방향은 10초, 다른 방향은 70초였다. Early Owls에 도착하니 야외에 빈자리가 없어 일반 테이블에 앉았다. 잠시 후, 카페를 한 바퀴 둘러보던 아내와 야야가 그늘진 자리를 찾아냈다. 의자에서 매트로 자리를 옮겨 누우니, 세상 더 바랄 게 없었다.

잔디밭에 누워 여유를 즐길 수 있는 야외 카페의 분위기가 마음에 들었다. '우리나라에서도 이런 콘셉트로 운영한다면 과연 이만큼의 인기를 얻을 수 있을까' 하는 생각을 잠시 해 보기도 했다. 나중에는 통기타 반주의 라이브 공연이 이어져 마치 유채화에 밝은 채색을 덧칠하는 것 같은 분위기를 연출했다.

볼트 택시를 타고 이번에는 라탄 거리로 가서 가방과 여러 생활용품을 구경했다. 라탄은 야자과 식물의 덩굴을 일컫는 말이다. 국내에서 고가에 판매되는 핸드백과 비슷한 것을 야야는 이번에도 착한 가격에 구입했다. 나는 대형 밀짚모자가 마음에 들었지만, 크기를 감당할 수 없어 눈요기에 만족했다.

타패 게이트 앞 야시장 근처에서 인생 첫 두리안도 맛볼 수 있었다. 제일 작은 것이 200밧(8,000원)이었는데, 주인에게 부탁하여 시음용 두리안을 100밧(4,000원)에 샀다. 두리안에도 여러 품종이 있는지, 들던 것과는 달리 역한 냄새가 나지 않았고, 맛도 좋았다. 타패 게이트 앞 야시장에서 망고밥도 먹고, 튀김샌드위치도 먹고, 아보카도스무디도 마셨다.

저녁 식사를 하기 위해 해자를 따라 걷다 구심 안쪽 골목길로 접어들어, 근처에서 5일을 머물면서도 들르지 못했던 'Mr. Kai'로 향했다. 경찰이 Mr. Kai 근처의 골목길을 차량 통제 하고 있었다. 무슨 일인지 궁금하여 큰길로 나가 보니, 전통 의상을 입은 여성들이 길 양쪽에 도열해 있었다. 주변의 경찰에게 물어보니, 잠시 후 이곳을 지나는 태국 국왕을 환영하기 위한 것이라고 했다. Mr. Kai에 음식을 조금 후에 해 달라고 양해를 구한 뒤 셋이서 쉽게 접할 수 없는 국왕의 차량 행렬을 구경했다. 국왕의 차가 지날 때 바닥에 엎드려 절하는 여성들을 보자, 조선시대의 임금 행차 행렬이 연상되기도 했다.

항상 대기열이 있었던 Mr. Kai의 음식은 깔끔하고, 맛있고, 양도 많았다. 옆 테이블의 두 아가씨가 먹고 있는 음식이 궁금했다. 생김새가 천상 우리나라 사람이라 우리말로 물어보니 음식 이름은 모르지만 맛있다고 했다. 그런데 말은 유창했지만 어딘지 모르게 좀 어색하여 어디에서 왔냐고 물으니 대만이라고 했다. "헐~"이라고 하며, 말뜻을 아느냐고 물으니 안다고 했다. 치앙마이는 늘 사소한 놀라움으로 여행을 특별하게 만든다.

소화도 시킬 겸 1km가량을 걸어 숙소 근처에 도착한 후 야야는 숙소로 들어가고, 아내와 나는 한 시간짜리 타이 마사지를 받았다. 오랜만에 배낭을 메고 다니느라 아팠던 어깨가 풀렸다.

계획표 위에서 존재하던 하루가 실제의 웃음과 대화, 그리고 소소한 기쁨들로 채워졌다. 낯선 도시 치앙마이는 어느새 가족의 행복을 품은 '우리의 하루'가 되어 있었다. 이렇게 첫날의 치앙마이는 충분히 그리고 행복하게 완성되었다.

도이인타논, 태국의 지붕 위에서

도이인타논(Doi Inthanon) 국립공원 투어를 하는 날이다. 도이인타논은 치앙마이에 위치한 태국에서 가장 높은 산(2,565m)으로, '태국의 지붕'으로 불린다.

여행사 미니밴이 7시에서 7시 30분 사이에 픽업 올 예정이라 세븐일레븐에서 사 온 삼각김밥과 빵으로 숙소 앞 식탁에서 아침 식사를 했다.

약속 시간보다 10여 분 늦게 도착한 미니밴에는 프랑스 노부부와 2명의 중국계 말레이시아 여성이 앉아 있었고, 우리가 탄 뒤에 차례로 중국인 2명과 3명의 대만 가족을 픽업하고 1시간여를 달렸다.

국립공원 입구를 통과한 후 왕과 왕비의 탑을 먼저 감상했다. 도이인타논 정상에 자리 잡고 있으며, 아름다운 자연 경관과 함께 태국 문화와 왕실을 기리기 위한 상징적 장소로 잘 알려져 있다. 가이드인 토미가 추천한 대로 먼저 왕의 탑에 올랐는데, 계단이 제법 가팔랐다.

고지대여서 주변 날씨가 시시각각 변했다. 되돌아본 왕비의 탑은 구름에 가리어지고 있었다. 왕의 탑 안에 들어서서 합장 인사를 드린 후 내부를 잠시 둘러보았는데, 화려하기보다는 정갈하다는 느낌을 받았고, 천정의 꽃무늬가 이채로웠다. 탑의 외부 벽면에는 종교색이 짙은 부조도 있었다.

구름 낀 탑 주변의 정원은 유난히 아름다웠다. 흐린 날에는 조도가 낮아지면서 주변의 색 대비가 줄어들고, 꽃의 채도가 더 도드라져 보여 꽃이 더 선명하게 느껴진다. 왕비의 탑에는 에스컬레이터를 타고 올랐다. 맞은편 왕의 탑이 볼수록 웅장해졌다. 왕비의 탑은 섬세한 여성미를 풍겼고, 손으로 가슴을 안은 조각상에서 포근함을 느꼈다. 샐비어와 닮은 빨갛고 노란 꽃들로 꾸며진 정원 역시 예뻤다. 왕의 탑과는 달리 부조도 다양한 색채로 꾸며져 있었다. 광장 한편의 카페에 심어진 분홍색 벚꽃과 빨간 파라솔이 자아내는 풍경 역시 한 폭의 그림이었다.

정상 표지판 앞에서 기념 촬영을 하고, 행운의 랜드마크에서 소원을 빈 후, 10밧(400원)짜리 동전을 세우는 데 성공했다. 연이어 야야도 동전을 세웠다. 우리 가족 모두 만사형통할 것 같다.

끼우매판 트레일(Kew Mae Pan Natural Trail) 코스도 걸었다. 이곳은 도이인타논 국립공원에서 가장 인기 있는 자연 탐방로 중 하나다. 끼우매판 트레일 코스는 주로 반시계 방향으로 도는데, 전망대까지는 오르막이 이어졌으며, 가파른 구간도 있었다. 입구에는 등산 스틱 대용으로 사용할 수 있게 대나무를 적당한 크기로 잘라 놓았는데, 하나를 짚고 가 보니 꽤 쓸 만했다. 한동안 숲길을 걷다가 나무가 없는 산등성이가 나왔고, 그 끝에는 전망대가 있었다. 전망대에 서니 도이인타논은 구름에 덮여 있었고, 발아래는 시원한 풍경이 펼쳐졌다. 유난히 도드라져 보이는 야생 장미 한 그루가 있었고, 8부 능선에는 두 개의 바위가 우뚝 솟아 있었다. 계단 길을 내려가다 다시 야생 장미를 만났고, 계속 걷다 보니 왕과 왕비의 탑이 내려다보였다. 마지막은 조용하고 평화로운 숲길이었다. 그렇게 1시간 45분 동안 걷고 쉬며 끼우매판 트래킹을 즐겼다.

이후 들른 농산물 직매장에서 쌀튀김과자, 파란 토마토, 그리고 사과를 샀다. 쌀튀김과자는 우리 한과와 비슷했고, 대추와 비슷하게 생긴 토마토는 맛을 본 후에야 토마토인 줄 알게 되었다. 사과는 부드럽고 아삭했다.

매클랑루앙(Mae Klang Luang)은 국립공원 내에 위치한 전통적인 카라엔(Karen) 부족 마을로, 아름다운 자연 풍경과 독특한 문화 경험을 제공하는 숨겨진 보석 같은 장소다. 매클랑루앙은 여행자들에게 전통적인 생활 방식, 태국 북부의 자연 그리고 현지 커피와 농업 문화를 접할 특별한 기회를 제공한다.

매클랑루앙에서 늦은 점심 식사를 했다. 커피와 차를 마시며 아로마 양초의 향기도 맡아 보았다. 향이 마음에 든 샤넬코코와 민트를 두 개씩 구입했다.

마지막으로 와치라탄 폭포(Wachirathan Waterfall)에 들렀다. 풍부한 수량이 시원하게 쏟아져 내려, 우기 때는 과연 그 양이 어느 정도일까 궁금했다.

폭포의 물보라가 미세한 안개가 되어 얼굴에 닿았다. 그 순간, 하루 동안 스쳐 지나온 산과 숲, 구름과 꽃 그리고 웃음들이 한데 겹쳤다. 도이인타논의 하루는 단순한 투어가 아니라, 태국의 하늘 아래에서 자연과 인간이 조화롭게 숨 쉬는 순간을 만난 시간이었다. 높은 곳에 오를수록 세상은 더 단순해지고, 마음은 한결 고요해진다.

카페와 캠퍼스 사이에서 보낸 하루

 카오소이 매싸이에서 아침 식사를 하기 위해 8시경 숙소를 떠나, 해자 동변을 따라 북쪽으로 걸었다. 치앙마이의 꽃들은 조화처럼 늘 싱싱했다. 부지런한 관리원들은 아침부터 해자 주변을 예초기로 정리하고 있었다.
 8시 30분경에 카오소이 매싸이에 도착하니 벌써 사람들이 줄을 서서 기다리고 있었다. 우리도 대기벨을 받고 조금 기다리다 닭고기 카오소이를 한 그릇씩 하고 나왔다. 뒤늦게 7번 메뉴인 갈비국수가 맛있다는 얘기를 듣게 되었지만, 이 식당에서 식사를 한 것만으로도 충분했다. 미쉐린(프랑스 발음은 미슐랭) 등록 식당에서의 식사는 처음이었다. 나올 때 보니 식당에서 사용하는 대기벨이 족히 30개는 되어 보였다.

 식사를 마쳤으니 다음은 카페 차례였다. 야야가 동선과 평점을 고려하여 선택한 아르테 카페로 가는 길에 만난 예쁘고 노란 알라만다가 발걸음을 가볍게 했다. 마야몰 사거리를 지나고 북동쪽 골목길로 접어들었다. 소화도 시킬 겸 걷는 길이 선선해서 좋았다.

처음엔 아르테 카페의 야외 식탁에 앉았다가 주문을 하러 건물 안으로 들어간 아내와 야야가 실내 분위기가 더 마음에 든다며, 안으로 들어오라고 했다. 주문한 말차라테가 나올 때까지 아내와 야야는 밖으로 나가 카페를 둘러보았다. 오랫동안 앉아 있을 분위기는 아니어서 곧장 치앙마이대학교로 향했다. 이번이 네 번째 방문이라 그런지 학교 길이 더 익숙했다.

정문에서 분수대까지 직진한 후 왼쪽 길로 접어들어 가다 우체국과 도서관에 잠시 들렀다. 도서관에서는 아내가 재미 삼아 PC에서 출입증 발급을 위한 정보 입력을 해 보기도 했다.

점심시간에 맞춰 푸드 코트에 도착하여 아내는 닭고기덮밥에 밥 추가, 야야와 나는 햄버거와 콜라로 식사를 했다. 모두 합쳐 198밧(7,920원). 세 명의 점심 식사비치고는 매우 저렴했다. 치앙마이대학교 최고다.

푸드 코트 근처의 스타벅스에서 치앙마이 글자가 새겨진 작은 머그잔을 하나 샀다. 그리고는 네 번이나 방문했으니 대학교 기념품을 하나쯤 사야 하지 않겠느냐는 생각에 몇몇 학생에게 물어 'Student Service Center' 안의 문구점을 찾아갔다. 학교 이름이 새겨진 수성펜, 연필·지우개·연필깎이 세트, 열쇠고리 등 문구 욕심이 많은 야야와 나의 시선을 사로잡는 것들이 하나같이 착한 가격에 진열되어 있었다.

반소매 차림의 계절에 전혀 어울리지 않는 낙엽길을 따라 앙깨우 호수로 향했다. 작은 호수를 먼저 둘러본 후 커피 맛이 좋다는 법대 카페에 들러 보니 학생들이 대부분의 자리를 차지하고 있어 여유롭게 시간을 보낼 수 있는 분위기는 아니었다. 법대 카페는 잠시 둘러봤을 뿐 본래 생각해 둔 곳은 '타론수안놈(Ta Lon Suan Nom)' 카페였다. 각자 파인애플스무디와 망고스무디 그리고 아이스 아메리카노를 마시며 해 질 무렵까지 사진 정리와 블로그 포스팅 등을 했으며(우리 셋은 모두 블로거다), 나는 필사한 시집과 책을 읽기도 했다.

이후 일몰 구경을 위해 앙깨우 호수로 접어들면서 예쁜 꽃도 만나고, 캠핑용 의자에 앉아 책을 읽는 여성도 보았다. 호수에 비친 나무와 구름이 실물보다 낫다고 생각하며 다리를 건넜다. 넝쿨이 기다랗게 내려앉아 호수에 닿을 듯했고, 누군가는 정성 들여 요가를 하고 있었다.

앙깨우 호수가 처음인 아내와 야야가 왔던 길을 되돌아가서 사진으로 추억을 담는 동안 돗자리에 누워 전자책을 읽었다. 어두워질 무렵 앙깨우 호수를 떠나 정문으로 가면서 자연과학대학 데이터 사이언스 센터 건물의 화장실을 사용했다. 개방된 화장실을 찾기가 쉽지 않았다.

대학 맞은편의 야시장에서 국수, 모닝글로리, 해산물 요리로 저녁 식사를 했는데, 해산물 요리가 견본 사진과 너무 차이가 나서 이번 여행에서 처음으로 실망이란 감정을 맛보았다.

볼트 택시를 타고 숙소로 온 후 근처 환전소에서 돈을 조금 바꾸었다. 돌아오는 길에 바나나스무디 한잔과 함께 세븐일레븐에도 들러 비누 등을 샀다.

하루를 돌아보니, 특별한 일은 없었지만 마음이 참 편안했다. 치앙마이의 느린 리듬 속에서 걷고, 머물고, 웃으며 보낸 하루였다. 도시의 공기와 사람들의 여유 그리고 가족과 함께한 시간이 여행의 의미를 새롭게 만들어 주었다. 이곳에서의 하루는 화려하지 않아도 충분히 빛났다.

치앙마이의 설날

더운 아프리카의 어느 나라에 정착한 한국 가족이 그곳에서 설날에 한복을 입고 차례를 지낸다고 해서 옛적 고국의 설날 기분을 제대로 느낄 수 있을까. 그동안 몸과 마음에 스며들어 있던 날씨를 포함한 여러 환경적·정서적 요소들이 수반되지 않은 새해의 첫날은 별 느낌 없는 단순한 하루에 지나지 않았다. 그렇게 을사년을 맞이했다.

문을 열자마자 숙소 근처의 싱하랏 약국에서 두피 염증용 약과 함께 다른 몇 가지 약을 사 왔다. 여행 전부터 치료를 해 온 두피 염증이 별 호전될 기미가 없어 혹여나 싶은 마음에 태국 약국을 찾았던 것이었다.

오늘 일정은 '클라이(Klay)' 카페에서 브런치 식사를 하는 것으로 시작해서 님만해민(Nimmanhaemin) 일대를 둘러보는 것이었다.
이제 해자의 북서쪽 코너에서 치앙마이대학교 방향의 길은 완전히 눈에 익었다. 다채로운 색깔로 꾸며진 클라이 카페의 샐러드는 맛뿐만 아니라 감성까지도 자극했다. 치앙마이에 와서 점점 색깔에 민감해지고 있다.

식사 후에 마야몰로 향하면서 소품 가게 몇 군데를 둘러보기도 했다. 세련된 주변 분위기 때문인지 구심보다 우리나라 관광객들이 더 많았다. 님만해민은 현대적인 감성과 전통적인 태국 문화가 조화를 이루는 치앙마이의 가장 세련된 지역 중 하나다. 주로 젊은 창작자, 디지털 노마드, 여행자, 예술가들이 모이는 곳으로 유명하며, 감각적인 카페, 갤러리, 부티크 상점, 레스토랑 등이 밀집해 있다. ChatGPT가 알려 준 장소 중 마야몰에 먼저 들러(다른 곳은 영업 전이라서) 야야와 나는 할인을 많이 하는 티셔츠를 한 장씩 샀다. 탐이 난 '온(On)' 러닝화의 가격은 우리나라와 별반 차이가 나질 않았다. 마야몰 지하 1층 매장도 둘러보았다. 림핑 슈퍼는 우리나라 대형 슈퍼마켓만큼 크고 용품도 다양했다. 벌꿀과 귀여운 크기의 시리얼을 몇 개 샀다.

야야가 골라 둔 카페 대신에 ChatGPT가 추천해 준 'Roast8ry'에서 아이스 코코아를 마시며 2~3시간을 보냈다. 이번 여행에서 ChatGPT도 가이드 역할을 톡톡히 하고 있다. 화장실의 위치를 손목을 젖히면서 볼펜으로 가르쳐 준 싹수없는 여종업원만 제외하고는 나름 괜찮았다.

원님만(One Nimman)에 들러 분위기를 잠시 살펴보고 건너편 Think Park 주변의 Play Works에서 파우치와 마그네틱 등을 구입했다. 다시 윈남만으로 돌아와 물품 보관소에 백팩을 맡기고 나니 날아갈 듯했다. 3시간까지는 무료였다.

윈남만 야시장에서 새우 요리로 저녁 식사를 하려다 가성비가 썩 좋은 것 같지 않아 항아리 구이를 하는 냉무옵옹 식당으로 볼트 택시를 타고 갔다. 항아리 구이는 전통적인 태국 조리법으로, 숯불을 가득 채운 항아리 안에 고기를 넣어 천천히 구워 내는 방식이다. 이러한 조리법은 고기에 깊은 풍미를 더하고, 겉은 바삭하면서도 속은 촉촉한 식감을 제공한다.

우리는 항아리에서 바삭하게 구워 낸 삼겹살 요리인 무껍(Moo Krob)과 모닝글로리, 찹쌀밥으로 식사를 시작했다. 무껍의 겉은 고소했고, 안은 수육처럼 부드러웠다. 양이 조금 모자라서 무껍 중간 크기와 옥수수 쏨땀을 추가로 주문해서 먹었는데, 시큼한 맛의 쏨땀에 대해서는 호불호가 갈렸다.

배불리 먹고는 아내가 과일을 싸게 구입할 수 있다고 한 무응마이 시장까지 걸어가서 망고스틴 2kg을 360밧(14,400원)에 샀다. 다른 곳에서는 1kg에 250밧(10,000원)이었다. 무응마이 시장은 치앙마이 구심지 북동쪽, 핑강 근처에 위치해 있는데, 태국 전역에서 생산된 신선한 농산물과 해산물을 합리적인 가격에 구매할 수 있는 곳이다. 롱간(용안)은 보이지 않아 망고스틴만 사 들고 시장에서 큰길로 조금 걸어 나와 볼트 택시를 타고 숙소로 돌아왔다. 뚱뚱해진 백팩을 메고 다니느라 수고한 어깨에는 아침에 약국에서 구매한 쿨 파스를 발라 주었다.

평소처럼 걸었고, 먹었고, 하루가 흘렀다. 차례를 지내지 않는 가구가 점점 늘어나고 있는 우리나라의 설날 분위기가 고스란히 치앙마이로 이어진 것 같았다. 낯선 도시의 햇살 아래, 가족과 함께 보낸 것만으로도 충분했던 설날이었다.

아침 산책

아내와 아침 산책을 나섰다.

숙소 근처 동쪽 해자변으로 나와 시계 방향으로 걷다가 북쪽의 창푸악 게이트에서 발걸음을 멈췄다.

분홍·파란·노란 코끼리 조형물 주변의 정원이 한눈에 들어왔다. 다채로운 색의 꽃들이 양탄자처럼 깔려 있었고, 아침 햇살을 받아 반짝이는 꽃잎들이 바람에 살짝살짝 흔들렸다. 풍접초를 처음 보며, 세상에는 아직도 이름 모를 아름다움이 많다는 생각이 들었다. 하늘을 가르는 비행기마저 그 순간엔 꽃잎처럼 느껴졌다.

꽃에 시선을 빼앗기다 보니 해자를 끝까지 돌지 못했다. 대신 구시가 골목길로 방향을 틀었는데, 그 길에서 헬리코니아 로스트라타를 만났다. 새 부리처럼 길게 늘어진 모양에, 붉고 노란색이 겹겹이 어우러져 있었다. 이국적인 색감은 강렬했지만, 아침 공기 속에서는 오히려 부드럽게 스며들었다.

조용한 골목을 따라 걷는 동안, 학생들을 태운 송태우가 줄지어 지나갔다. 아이들의 미소가 아침의 공기만큼 맑았다.

아침 산책은 그래서 좋다.

특별한 일 하나 없이, 시간과 풍경이 천천히 흐르며 하루가 시작되는 그 리듬이 좋다.

감성의 시간

아침 식사를 위해 '블루누들(Blue Noodle)'로 가는 길에 오토바이 수리점에서 낡은 범용선반이 돌아가는 소리를 들었다. 쇠 부딪히는 규칙적인 리듬이 이상하게 마음을 울렸다. 블루누들의 웨이팅이 너무 길어 뭄아러이(뭄알로이)로 식당을 바꾼 덕분에 되돌아오면서 직원의 양해를 구한 뒤 선반을 카메라에 담았다. 정밀 기계에 밀려 이제는 쉽사리 볼 수 없는 범용선반의 쇳소리에서 묘한 따뜻함이 전해졌다.

아침까지도 예쁘게 빛나는 조명등, 비싼 값을 치르더라도 아침 뷔페를 한 번쯤은 먹고 싶은 호텔을 지나 뭄아러이에서 고기국수로 아침 식사를 했다. 근처 민트니말 아이스크림 가게에서는 달콤한 향과 함께 고요한 음악이 흘러나왔다. 길모퉁이 담벼락에 매달린 연등에서도 부드러운 빛이 번져 나왔다. 그렇게 아침의 감성은 작은 장면마다 다른 얼굴로 다가왔다.

캄빌리지(Kalm Village)에 들어서자 분위기가 달라졌다. 전통

목조 건물과 현대적인 인테리어가 어색하지 않게 섞여 있었다. 가게 안에는 손으로 짠 천, 나무 그릇, 작은 도자기 등이 진열되어 있었다. 화장실 세면대조차 예뻤다. 이런 공간이 '감성'이라 부를 만하다면, 그건 아마 잘 꾸민 것보다는 잘 정돈된 여유 때문일 것이다.

골목길을 따라 걸으며 문득 생각했다. 감성은 대단한 것이 아니라, 그저 순간을 천천히 바라볼 줄 아는 마음일지도 모른다. 오늘 하루는 그 마음으로도 충분했다.

왓프라탓 도이수텝과 함께한
치앙마이의 야경

 오후 4시 무렵, 왓프라탓 도이수텝 야경 구경을 위해 볼트 택시를 타고 마야몰로 이동했다. 마야몰 앞에서 출발하는 무료 송태우를 타고 치앙마이대학교까지 간 후, 학교 근처에 있는 도이수텝 행 송태우를 탈 계획이었다. 송태우 출발까지는 시간이 남아 마야몰 1층 환전소에 들렀다. 미화 50달러 지폐는 당분간 환전을 해 주지 않는다고 하여 급한 대로 100달러 지폐 한 장을 환전했다. 화장실에 들른 후 어제 산 티셔츠와 비슷한 것을 한 장 더 구매하고는 4시 30분에 치앙마이대학교로 가는 무료 송태우를 탔다. 대기 줄이 없고 먼저 타는 사람이 임자라서 탑승 정원 10명 안에 드는 게 중요했다. 자전거로 몇 번 오갔던 치앙마이대학교까지의 길을 송태우를 타고 가서 정문 근처의 교내 정류장에서 내렸다.

 주변에 있던 우리나라 관광객 여섯 명과 함께하기로 하고, 송태우 기사와 운임 협상을 했다. 1인당 왕복 운임은 100밧(4,000원),

하산 시각은 7시 30분으로 기사와 합의한 뒤 송태우는 도이수텝을 향해 출발했다. 지난주에 가쁜 숨과 굵은 땀방울로 페달을 돌리던 장면이 떠오르기도 했다. 도이수텝까지 12km 남짓한 길은 자전거로는 두 시간이 넘게 걸렸지만, 송태우를 타고 오르니 20분도 채 걸리지 않았다.

도이수텝 사원은 태국 북부 치앙마이에 위치한 불교 사원으로, 치앙마이에서 가장 신성하고 중요한 사찰 중 하나다. 전설에 따르면, 신성한 불사리(부처의 유골 조각)를 모시기 위해 세워졌고, 당시 란나 왕국의 왕 쿠에나(King Nu Naone)가 부처의 사리를 가진 흰 코끼리를 숲으로 보냈고, 이 코끼리가 도이수텝산 정상에 올라 세 번 돌고 나서 무릎을 꿇은 후 숨을 거뒀다고 한다. 이를 신성한 계시로 받아들여, 그 자리에 사찰을 세웠다고 전해진다.

309개의 계단을 오르기 전에 큼직한 옥수수 하나를 삼등분해서 먹었다. 절 구경도 식후경이다. 매표소에서 외국인만 구입하는 30밧(1,200원)짜리 입장권을 석 장 샀는데, 따로 검표를 하진 않았다. 기부 방식인가?

분위기 파악을 위해 먼저 사원 주위를 둘러봤다. 종각도 우리와는 달랐다. 신발을 벗고 경내로 들어가서 황금 불탑을 돌며 가족의 안녕과 행복을 기원하고, 큰 스님이 진행하시는 저녁 의식도 지켜보았다. 황금 불탑의 네 모서리에는 황금 기둥이 서 있었고,

불탑에서 워낭과 비슷한 소리가 들려 확대해서 보니 작은 종들이 매달려 있었다. 법당에서는 저녁 예불이 진행되고 있었고, 석양은 하늘을 서서히 붉게 물들이고 있었다. 날이 맑았으면 더 좋을 치앙마이 시내를 가끔 내려다보기도 했다. 어두워지자 조명에 비친 도이수텝 사원은 더 화려하게 빛났다.

  사랑하는 이에게 공덕을 보내 주는 우편함,

  셀카 놀이를 하는 부모의 모습을 찍고 있는 딸,

  자신의 빛을 감춘 채 타인의 빛으로 모습을 드러낸 연등들,

  그 위로는 황금 불탑이 우뚝 서 있고,

  그 아래에는 이집트 파라오를 닮은 부처님이 인자한 미소를 짓고 계셨다.

  밤이 완전히 내려앉자, 도이수텝은 더 이상 사원이 아니라 하나의 거대한 빛의 정원이 되어 있었다.

출발 시각인 7시 30분에 맞춰 타고 온 송태우 앞에 다들 모였고, 내려갈 때는 다른 분들의 양보로 보조석에 앉아 갔다. 기사에게 부탁해서 내려가는 길에 있는 전망대(갓길이 갑자기 넓어지는 곳)에서 잠시 세워 달라고 부탁하니 5분간 시간을 줬다. 사원 전망대보다 더 가까이에서 치앙마이를 내려다볼 수 있었다. 8시가 다 되어 가는데도 라이트를 켠 채 로드 자전거를 타고 올라오는 이도 있었다.

어둠이 내려앉은 도심에는 불빛이 촘촘히 켜져 있었다. 낮에는 뿌연 하늘 아래 있던 도시가 밤에는 별처럼 반짝였다. 도이수텝의 불탑이 품은 금빛과 도시의 불빛이 서로의 빛을 주고받는 듯했다.

시장과 사원과 카페 사이에서

해자 동남쪽 코너 부근에 위치한 게이트 마켓 구경을 위해 8시 경에 숙소를 나섰다. 숙소는 해자 북서쪽에 있기 때문에 골목길을 따라 대각선 방향으로 걸어갔다. 선선한 아침 공기를 배경으로 민트색 폭스바겐과 사진을 찍기도 했다.

게이트 시장에 접어들자 과일 노점상이 우리를 먼저 반겼다. 20밧(800원)짜리 땅콩 한 봉지를 샀다. 가판대 위에는 망고, 수박, 귤, 바나나, 용과, 망고스틴 등이 나란히 진열되어 있었다. 어제 무응마이 시장에서 180밧(7,200원)에 산 망고스틴 1kg는 200밧(8,000원)이었고, 루앙프라방에선 매일 먹다시피 한 롱간(용안)은 이곳에서도 보기 힘들었다.

시장 건물 안으로 들어서니, 여러 색깔의 알들 사이로 유독 빨간색 알이 눈에 띄었다. 처음 보는 색이라 신기했다. ChetGPT에게 물어보니 빨간색으로 염색한, 소금에 절인 오리알일 가능성이 크다고 했다. 하지만 직접 확인은 해 보지 못했다.

며칠 전에 혼자 왔을 때처럼 국수 가게에서 따로 구매한 찰밥과 함께 아침 식사를 하려 했는데, 계란프라이가 올라간 20밧(800원)짜리 도시락에 그만 현혹되고 말았다. 도시락이 조금 적어 보여 빵도 샀는데, 한 팩에 20밧(800원)이었다.

시장을 둘러보고 다시 해자 거리로 나오니 길 건너편 식당에서 아침 장사를 위해 꼬치를 굽고 있었는데, 연기가 냄새만큼이나 진했다. 오늘도 아침부터 열심히 제 일을 하는 분수대 근처 벤치에 앉아 시장에서 산 도시락으로 여행자의 아침을 해결했다.

식사 후에 해자 동쪽 변을 따라 올라가서 타패 게이트에 도착하니 상인들이 광장에서 장사를 준비하고 있었다. 며칠 전에 왔을 때는 광장 한편에선 길거리 농구 대회도 열린 것을 보면 광장의 쓰임새가 매우 다양한 것 같았다.

타패 게이트 건너편 데카트론 판매장에서 야야가 고른 작은 백팩과 장바구니용 지퍼백을 사고는 다시 해자를 따라 북쪽으로 걸었다. 괜히 둘러보자고 했다가 정작 내 것은 건지지 못하고 돈만 쓴 꼴이 되어 너스레를 부렸더니 아내가 핀잔을 주었다.

아침 식사로 먹은 도시락이 소화가 다 될 무렵 쿤캐 주스바에 도착했다. 골목이 낯이 익은 것 같아 가만히 생각해 보니 지난주 DP하우스에 머물 때 아침 산책 삼아 둘러본 골목이었다. 벽면의 방명록에서 한글을 많이 볼 수 있었고, 스무디볼을 먹어 보니 왠지 건강해지는 느낌이었다. 140밧(5,600원)짜리와 90밧(3,600원)짜리를 먹었다. 귀국해서도 먹고 싶은데, 우리나라에서는 만 원이 족히 넘는다고 하니 자주 먹지는 못할 것 같다. 손님들이 계속 밀려들었고, 우리도 주문 후 30분이 지나서야 스무디볼을 먹을 수 있었다.

근처의 왓람창을 가로질러 정해 둔 카페로 가던 길에 어제 마야몰에서 환전하지 못한 50달러를 환전했는데, 마야몰보다는 달러 환율이 낮았다.

햇살이 뜨거워 왓우몽마하라하찬 그늘에서 한동안 쉬었다. 치앙마이의 사원들은 관광객의 좋은 쉼터가 되어 주었다.

올드타운의 'Blue Coffee' 앞에서 발걸음을 멈추고 안으로 들어갔다. 치앙마이대학교 농대에 있는 Blue Coffee에서 이틀 동안 작업했던 이야기를 가족에게 했던 터라 야야도 카페의 분위기를 궁금해하는 듯했다. 아내가 시그니처인 블루라테를 마셔 보더니 맛있다고 했다. 커피를 즐기지 않는 아내는 좀처럼 이런 소리를 하지 않는 편이다.

바로 옆 박물관에 학생들이 견학을 왔다. 선생님의 지시에 따라 나란히 줄을 서서 기념 촬영도 했다. 개인주의가 팽배해진 우리나라에서도 이곳의 학생들만큼 단체 기념 촬영에 의미를 두는지 궁금했다.

앉아서 전자책을 읽기도 하고, 주변 벤치에 드러누워 읽기도 했다. 누구 하나 뭐라 간섭하지 않아서 그리고 누구의 시선도 신경

쓰이지 않아서 좋은 시간이었다.

　천천히 걸으며 시장을 둘러보고, 낯익은 골목을 지나 시원한 나무 그늘과 조용한 사원에서 잠시 숨을 고르기도 하며, 호감 가는 카페에 들러 책 한 권을 펼쳐 보는 하루. 특별한 목적도, 서두를 이유도 없는 이 여정 속에서, 여행은 결국 풍경이 아니라 느낌이라는 생각이 들었다.

여행자들의 만찬

저녁에는 매홍손 루프를 무사히 마치고 돌아온 샌더와 함께 숙소 근처의 티키카페(Tikky Café)에서 식사를 했다. 그는 11일 동안 하루 평균 1,000m 이상의 고도를 오르내렸고, 태국의 지붕인 도이인타논 구간에서도 자전거를 한 번도 끌지 않았다고 했다. 힘든 구간에서 내가 건넸던 아미노바이탈이 도움이 되었다는 말을 듣자, 괜히 뿌듯했다.

샌더 이야기를 많이 들었던 아내와 야야는 첫 만남인데도 금세 친해져 벨기에 이야기, 2년 동안의 여행 경로 그리고 여행 에피소드 등에 관해 물었고, 샌더는 많은 답을 하느라 식사 내내 바빴다. 그렇게 여행자들의 저녁은 천천히, 그리고 오래도록 이어졌다. 무엇보다 우리를 만나기 위해 무거운 페달을 밟아 가며 치앙마이까지 달려온 샌더의 마음이 고마웠다.

식사를 마치고 식당 앞에서 기념사진을 찍었다. 아내와 야야가 먼저 숙소로 돌아간 뒤, 나는 샌더와 함께 짧은 산책을 했다.

이번 여행에서 너를 만난 건 행운이었고, 네 덕분에 좋은 시간을 보낼 수 있었다. 이번 만남이 우리의 마지막 만남이라고는 생각하지 않는다. 가끔 연락하며 지내고, 아내가 은퇴하는 3년 후쯤에 다시 만나자.

무거운 걸음으로 숙소로 돌아가며 문득 이런 생각들이 스쳤다.

헤어짐은 만남이 있었기 때문이다. 헤어짐은 만남의 끝을 의미하기도 하지만, 새로운 만남으로 향하는 첫걸음이기도 하다.

이제 우리의 여행도 끝나 간다. 보금자리로 돌아갈 시간이 다가왔다는 뜻이며, 또 다른 여정을 기약할 시간이기도 하다.

마지막 아침 조깅

치앙마이에 있는 동안 하고 싶은 게 몇 가지 있었는데, 그중 하나가 아침 조깅이었다. 그런데 이곳을 떠나는 날에 할 줄은 미처 몰랐다.

러닝 팬츠로 어울리는 반바지와 반팔 티셔츠를 입고 7시를 살짝 넘긴 시각에 숙소인 도지하우스에서 해자 서변으로 나와 반시계 방향으로 뛰기 시작했다.

여행 중에 한 번씩 이런 생각을 하곤 했었다.
'여행을 떠나지 않았다면 어떻게 지내고 있었을까? 예년보다 날씨가 추워서 아마도 집에만 있었겠지.'

조금 뛰어 보니 여행 전에 아파트 주변을 뛸 때보다 몸이 더 가볍다는 느낌을 받았다. 주변에 현혹되지 않고 곧장 뛰기만 할 거라는 생각은 오래가지 못했다. 맨드라미를 비롯한 예쁜 꽃들과 인사를 하고, 해자에 비친 햇살과도 눈인사를 나누었다. 뛰는 모습을 담은 동영상도 찍었다.

어제 아침에 들렀던 게이트 마켓을 지나면서 길 건너편에도 노점이 있다는 것을 알게 되었다. 시간이 흐를수록 세상을 보는 여행자의 눈은 넓어지는 것 같았다. 아침 분수는 여전히 황금색 물줄기를 뿜어 대고 있었다.

뒤에서 누군가 빠른 속도로 달려오는 소리가 들렸다. 조금 있으니 서양인 여자 러너가 나를 앞질러 갔는데, 비슷한 속력으로 조금 따라 뛰다 본래 속력으로 늦췄다. 각자의 페이스가 따로 있는 법, 자존심을 내세워 무리할 필요는 없었다.

타패 게이트는 먹이에 현혹된 비둘기들이 관광객의 기념사진 배경이 되느라 바빴고, 어제저녁 내내 장사한다고 고생한 야시장 부스들은 곤한 아침잠에 빠져 있었다. 거기에는 치앙마이에선 요즘 잘 보기 힘든 롱간도 끼어 있었다. 해자 북변의 창푸악 게이트에서 놀고 있는 귀여운 코끼리들에게도 인사를 했다.
'다시 만날 때까지 사이좋게 지내고 있어라.'

4km 지점부터 조금 지치기도 했지만, 마지막 북서쪽 코너를 돌아 처음 뛰었던 해자 서변을 따라 내려오는 데는 전혀 문제없었다. 숙소로 들어가는 골목 근처에서 잠시 호흡을 가다듬은 다음 숙소 앞에서 아침 조깅을 마무리했다.

네모난 해자 한 바퀴의 거리는 대략 6.5km, 사진도 찍어 가면서 킬로미터당 7분 30초 페이스로 뛰었다. 두세 번 정도는 더 뛰었으면 좋았겠다는 아쉬움과 그나마 마지막 날 한 번이라도 뛰면서 그동안 마주쳤던 해자 주변의 풍경들과 인사를 나눌 수 있어서 다행이었다는 생각이 교차하는 여행의 마지막 아침이었다.

떠나기 좋은 날

치앙마이에서 마켓을 한 곳만 고르라면, 주저 없이 찡짜이마켓을 택할 것이다.
가장 기억에 남는 음식을 묻는다면, 망설임 없이 쿤캐 주스바의 스무디볼을 떠올릴 것이다.
그리고 카페를 하나만 고르라면, 단연 치앙마이대학교 안의 Blue Coffee를 선택할 것이다.

아침 조깅을 마친 후 숙소에 들어와서 짐 정리를 했다. 7박 8일 동안 머문 도지라문 하우스에서 체크아웃을 하고 아침 식사를 하러 쿤캐 주스바로 향했다.
며칠 사이에 구심지에 있는 치앙마이공과대학에는 철재 프레임이 조립되어 있었고, 천만 식당의 광고(엄마 아빠 여행 갔는데 나 지금 배고파 오빠 치킨 먹고 갈래?)는 여전히 재미있었다.

쿤캐 주스바에 9시 10분경에 도착하니 가게 앞쪽 테이블만 비어 있었다. 어제는 배가 별로 고프지 않은 상태여서 2개만 주문했는데, 오늘은 아침 식사 대용이라 90밧(3,600원)짜리 스무디볼을 하나씩 시켰고, 나는 딸기스무디볼을 주문했다. 진즉에 이곳을 알았다면 지난주 DP하우스에 머물 때 매일 들렀을 것이다. 먹을수록 건강해지는 느낌이라고나 할까.

건강한 아침 식사를 마친 후 코코넛 마켓으로 가기 위해 볼트 택시를 호출했으나, 잡히지 않아 찡짜이마켓에 먼저 가 보기로 했다.
두 번째로 방문한 찡짜이마켓. 처음 왔을 때보다 사람들이 더 많았다. 특히 먹거리 판매대에 사람들이 많아서 빈 테이블을 찾기 어려웠는데, 우리나라 가족의 배려로 테이블을 사용할 수 있게 되었다. 쿤캐 주스바에서 스무디볼을 먹은 지 얼마 되지 않았는데도 잡채, 치즈케이크, 토르티야가 잘도 넘어갔다. 찡짜이마켓은 여느 마켓보다 크고 상품도 다양하며, 화장실 및 쓰레기 분리수거 등의 시스템이 잘 갖춰져 있어 둘러본 마켓 중에서는 단연 으뜸이었다.

뜨거운 햇살을 피해 시원하게 오후를 보낼 카페를 고르다 볼트 택시를 타고 치앙마이대학교 농대에 있는 Blue Coffee로 갔는데 아내와 야야의 반응은 예상한 것 이상이었다. 시그니처인 블루라테 두 잔을 시켜 놓고, 야야는 야외 테이블에서, 아내와 나는 실내에서 시간을 보냈다. 나중에 빈자리가 생겨 우리 부부도 야외로 나갔다. 이때 아내는 깜빡하고 가방을 두고 나왔는데, 나중에

가 보니 다행히 제자리에 그대로 있었다. 카페 앞의 넓은 밭에는 옥수수, 해바라기, 공작초 등이 따끈한 햇살을 받으며 제 빛깔을 뽐내고 있었다.

2월의 코스모스
그리고
2월의 해바라기.
영원한 것도 없으며,
정해진 것도 없다.

야외 테이블에 앉아 있으니 2~3분 만에 한 대꼴로 비행기가 날아갔다. 하늘을 예쁘게 수놓는 이 녀석들을 카메라에 담는 재미가 제법 쏠쏠했다.
우리도 몇 시간 후면 저 하늘을 날고 있겠지.

학교 앞 야시장에 있는 스테이크 가게에서 저녁 식사를 하기 위해 치앙마이대학교 안을 가로질렀다. 실외 수영장에는 몇 사람이 여유롭게 수영을 하고 있었고, 기숙사 근처 광장 무대에선 행사가 열리고 있었다.
정문 앞 분수대와도 마지막 인사를 나누었다. 치앙마이에 15일간 있으면서 다섯 번을 찾은 치앙마이대학교는 여러모로 훌륭하고 매력적인 학교였다.

스테이크 가게 앞에 도착하니 쉬는 날이었다. 무슨 놈의 가게가 토요일에 쉰담. 볼트 택시를 타고 마야몰로 이동한 뒤 4층 푸드코트에서 팟타이와 굴전으로 저녁 식사를 했다. 양이 조금 모자란 듯하여 땡모반(수박 생과일주스, 태국 대표 음료)과 만두도 먹었다. 비행기 출발이 한 시간 지연된 덕분에 마야몰 3층의 문방구점에도 들러 유명 상표의 연필 세 다스를 우리나라보다 훨씬 싼 가격에 살 수 있었다.

볼트 택시를 타고 숙소에 잠시 들러 맡겨 놓은 짐을 싣고는 공항으로 이동하여 출국 수속을 마쳤다. 항공기 화재 사고 이후로 보조 배터리는 직접 소지해야 한다는 안내문이 경각심을 불러일으켰다. 공항 안에서 중학교 친구를 만나 반갑게 이야기를 나누기도 했다. 그리곤 우리 가족을 태운 이스타항공 ZE948편이 저녁 11시 20분에 치앙마이공항을 이륙했다. 41일간의 이번 여행에서 마지막 15일을 머물렀던 이곳 치앙마이를 떠나기에 딱 좋은 날이었다.

코쿤캅!

에필로그

좋은 시간이었다.

여행에도 사점(死點)이 있는 걸까.
사파에 도착한 날, 징징대며 집으로 돌아갈 궁리까지 했던 그 나약함은 어느새 사라졌다.
언제부터였을까? 외로움과 쓸쓸함을 다독이며, 여행에 스며들기 시작한 순간이.
베트남 북부 산악지대를 벗어난 무옹라이부터였을까,
아니면 샌더와 이 군과 함께 시간을 보냈던 루앙프라방에서였을까.

사실, 가장 두려웠던 것은 뇌경색이 불쑥 다시 찾아와 낯선 땅 어딘가에서 쓸쓸히 이별을 맞이할지도 모른다는 걱정이었고, 이것은 앞으로 나아가려는 걸음을 붙잡는 가장 무거운 돌덩이가 되었다. 하지만 41일간의 여정을 통해 한 가지 진실을 깨닫게 되었다.
'혼자인 여행은 없다.'

바로 이것 덕분에 그 두려움까지도 잊은 채, 오로지 여행이라는 시간과 삶에 집중할 수 있었다.

길 위에 섰을 때, 이 진실을 깨달을 수 있도록 손을 잡아 주신 분들께 깊이 감사드린다.
여행 시작 무렵, 글과 전화로 용기를 건네주신 세월 님.
김치찌개 한 그릇에 따뜻한 정을 담아 주신 유 선생님 부부.
루앙프라방의 숙소 식구들.
자전거 여행자, 이 군과 샌더.
매일 영상 통화로 '항상 함께하고 있음'을 일깨워 준 가족.
그리고 길에서 만난 모든 이들.

귀중한 깨달음을 안겨 준 여행을 아내와 야야랑 따뜻하게 마무리해서 행복했다.

귀국한 2월, 아내와 야야와 함께 튀르키예로 다시 여행을 떠났다. 이스탄불의 아시아 지구를 산책하던 중, 문득 이 군이 유럽으로 향할 때 이곳을 지날지도 모른다는 생각이 스쳤다. 며칠 후 이 군과 통화를 하다가, 아시아에서 유럽으로 넘어가는 길목인, 세계 자전거 여행자들의 로망 '파미르 하이웨이' 이야기가 나왔다. 그때, 무심결에 나도 한번 그 길을 달려 보고 싶다는 말을 하게 되었다. 이 군은 7월, 키르기스스탄 오쉬에서 출발할 예정이라며 여름

방학 동안 함께할 수 있다고 했다. 그 말을 듣는 순간, 머릿속에 파미르의 산맥과 광활한 초원이 그려지며 온몸에 전율이 일었다. 그날 이후 키르기스스탄, 타지키스탄, 우즈베키스탄 등 이름도 생소한 '스탄'으로 끝나는 중앙아시아 국가의 지도를 들여다보기 시작했다. 그리고 짧은 고민 끝에, 3월 중순 우즈베키스탄 타슈켄트행 항공권을 끊었다.

여행 준비는 착착 진행되어 갔다. 그런데 6월 초, 가족과 함께 오른 지리산에서 심방세동으로 인한 부정맥 증상이 나타났고, 평소보다 현저히 떨어진 컨디션으로 인해 야야는 쉼터와 산장에서 나를 두 시간 넘게 기다려야 했다. 그 일을 겪으며 생각이 달라졌다. 해발 4,000m가 넘는 파미르 고원에서 같은 일이 다시 닥친다면, 그땐 단순한 불편이 아니라 생명을 건 위기가 될지도 모른다. 또한 그로 인해 이 군에게도 큰 짐이 될 것은 분명하다. 이러한 위험까지 감수해 가며 여행을 감행한다는 것은 무리라고 판단하여 결국 자전거 여행을 포기했다.

대신, 배낭 하나로 중앙아시아를 둘러보는 여정을 새로 그렸다. 우즈베키스탄 - 키르기스스탄 - 카자흐스탄을 잇는 코스를 계획했지만, 교통편 등 여행 정보가 부족하여 일정을 짜는 일이 쉽지 않았다. 다행히 시간이 지나면서 블로그와 여행기를 통해 조금씩 윤곽을 잡아 갔고, 주말마다 도서관에 머물며 중앙아시아에 대한 설렘을 차곡차곡 쌓아 갔다.

그런데 출발을 일주일 앞두고, 이번에는 갑작스러운 어지럼증으로 응급실 신세를 지게 되었다. 아마도 여행 이후 처리해야 할 일에 대한 압박과 누적된 스트레스가 한꺼번에 터져 나온 듯했다. 이 상태로 길을 나선다 한들, 머릿속은 온통 일 걱정뿐일 것 같았다. 결국 중앙아시아 여행은 잠시 미루기로 했다. 그 덕분에 유난히 더웠던 2025년 여름은 오히려 묵은 일들을 정리하며 '열심히 살아 낸 시간'으로 남게 되었다.

  나이가 든다는 건, 욕심이 되어 버린 소망과 희망을 때가 되면 놓을 줄도 아는 법을 배우는 시간인지도 모른다.
  그건 분명 쓸쓸한 일이다.
  하지만, 이제는 안다.
  길 위에서는 혼자가 아니기에, 나이 들어서도 용기 내어 다시 길 위에 설 수 있다는 것을.
  설사 약봉지라는 짐이 하나씩 더해지더라도,
  예전처럼 그렇게 폼 나지 않더라도,
  그 여행은 더 빛날 수 있음을.